清远名村系列丛书

清远美丽乡村

清远市史志办公室　编

华南理工大学出版社
广州

图书在版编目（CIP）数据

清远美丽乡村/清远市史志办公室编．——广州：华南理工大学出版社，2024.12．——（清远名村系列丛书）．——ISBN 978-7-5623-7860-0

Ⅰ．K926.55

中国国家版本馆CIP数据核字第2024VL6134号

Qingyuan Meili Xiangcun

清远美丽乡村

清远市史志办公室　编

出 版 人：房俊东

出版发行：华南理工大学出版社

（广州五山华南理工大学17号楼，邮编510640）

http://hg.cb.scut.edu.cn　E-mail：scutc13@scut.edu.cn

营销部电话：020-87113487　87111048（传真）

策划编辑：王魁葵

责任编辑：邱　燕

责任校对：梁晓艾

印 刷 者：广州一龙印刷有限公司

开　　本：787mm×1092mm　1/16　印张：15　字数：258千

版　　次：2024年12月第1版

印　　次：2024年12月第1次印刷

印　　数：1～1000册

定　　价：138.00元

版权所有　盗版必究　　印装差错　负责调换

"清远名村系列丛书"编委会

主　任：蔡少玲

副主任：李杰辉　　刘　冰

成　员：陈汉光　　梁国强　　周亚环

　　　　成文友　　曾道明　　聂惠丽

　　　　房媛艳　　李学森　　黄春苗

"清远名村系列丛书"编辑部

主　编：蔡少玲

副主编：黄春苗

编　辑：张嘉莉　　李　仙

《清远美丽乡村》编写组

黄春苗　　张嘉莉　　李　仙　　朱健明

张静珊　　黄雪蓉　　张　锋　　彭颖枚

王菲然　　李协湖　　朱家佑　　李　凯

潘俊峰　　向雪欣

前 言

美在乡村，情系乡土。开发利用村落历史文化资源，传承弘扬乡土文化，推动广东乡村振兴，是史志系统发挥自身价值、践行文化自信的重要举措。

2015年起，清远市史志办公室根据广东省人民政府地方志办公室的部署，组织开展全市自然村落历史人文普查，全面摸清全市14542个自然村基本村情。普查项目包括村落由来、建置沿革、姓氏人口、生产经营、物产资源、人文历史、乡土人物等40个大项200个小项，为全面摸清清远乡村历史人文资源迈出坚实的一步。

以普查资料编纂的《全粤村情》（清远卷）和《清远古驿道》《清远家训》《清远乡土人物》系列图书陆续出版。在此基础上，清远市史志办公室从2022年起，选取全市各地特点突出的村落，策划、组织编撰"清远名村系列丛书"，对全市普查资料进行结构化开发利用，助力乡村振兴。

清远，岭南绿都，中国宜居城市。苏轼游览清远时，写下"天开清远峡，地转凝碧湾"，一语道出清远的绝世之美。《清远美丽乡村》收录清远各地推介的美丽乡村，描绘村落优美的自然生态环境。本书的出版不仅助力保留乡土味道和村庄形态，更有助于保护乡村风貌，打造各美其美、美美与共的宜居宜业和美乡村。希望读者能随着《清远美丽乡村》，一起走入清远乡村，领略清远乡村美丽田园，见证清远乡村的美丽嬗变。

丛书编辑部
2024年8月7日

目 录

🌀 清城美丽乡村　　001

　　新桥村　　002
　　白庙村　　004
　　赤狮坑村　　007
　　良洞村　　009
　　根竹庄村　　011
　　云路村　　013
　　白沙村　　015
　　沙坝村　　017

🌀 清新美丽乡村　　021

　　新洲村　　022
　　水仔尾村　　024
　　安庆围　　026
　　葵背村　　028
　　六甲洞村　　030
　　水西村　　033

🌀 英德美丽乡村　　037

　　雅堂村　　038
　　谢屋村　　040
　　老巫角村　　043
　　洞尾村　　046
　　连樟村　　049

　　联山瑶族村　　052
　　树山罗屋村　　055
　　河头村　　057
　　活石水村　　060

🌀 连州美丽乡村　　063

　　沙坪村　　064
　　黎水村　　067
　　冲头村　　070
　　水白塘村　　072
　　水路田村　　074
　　四联村　　076
　　华村　　079
　　畔水村　　081

🌀 佛冈美丽乡村　　085

　　田塅心村　　086
　　上陈村　　088
　　新兴围村　　090
　　谢屋村　　092
　　塘口村　　095
　　红星村　　098
　　中华里村　　101
　　大田村　　104
　　生水塘村　　106

陂角村	109	庆丰村	170
涟江村	112	山溪村	172
上闸村	114	墩龙瑶寨	174
横围	117	白浪村	176
大围村	120	白芒村	180
莲塘村	123	中平村	182
里冈村	126	中站移民新村	185
		大古坳老排村	188

连山美丽乡村　　129

佛子村	130	大坪村	191
欧家村	133	石古洞村	193
金鸡嘴村	137	小横龙村	195
政岐村	140	沙田村	198

阳山美丽乡村　　201

蒙洞村	143	东江村	202
雷古村	146	元江村	204
坡头村	149	石角村	207
新庆村	152	何皮村	210
拥希村	154	松林村	212
东君村	157	洞冠村	215
		大陂坑村	218

连南美丽乡村　　161

新村	162	雷公岩村	221
沿陂村	164	秤架村	224
马屋村	166	南木村	228
安居新村	168		

后　记　　231

清远美丽乡村

清城

美丽乡村

清城区东城街道

新桥村

名片
- 全国乡村治理示范村
- 广东省民主法治示范村
- 广东省文化和旅游特色村

新桥村村貌（清城区新闻信息中心供图）

新桥村，位于东城街道东北部。村东南与广东省职业教育基地和金鸡岩名胜古迹风景区一河相隔，西北靠有天然氧吧之称的大帽山、牛鱼嘴原始生态风景区，北接国家AAAA级旅游景区黄腾峡生态旅游风景区，环境优美，空气清新，地理位置优越，交通便利。新桥村是东城街道"果香渔韵　花漾东城"乡村振兴示范带的核心区域，2020年12月，被中共广东省委全面依法治省委员会办公室、中共广东省委农村工作办公室、广东省司法厅、广东省民政厅评为广东省民主法治示范村；2021年1月，被广东省文化和旅游厅评为第二批广东省文化和旅游特色村；2021年9月，被中央农村工作领导小组办公室、农业农村部、宣传部、民政部、司法部、国家乡村振兴局评为第二批全国乡村治理示范村。

新桥村累计完成9.2千米主干道硬底化，实现美丽乡村创建19个村小组全覆盖（其中特色村2个、示范村3个、整洁村14个），完成文洞河中小河流治理提升、山泉水安全饮水工程以及村村通自来水工程等系列民生工程。

新桥村有民宿38家，观光采摘场、养殖场、农家乐50家。其中，大水坑村小组发动村民将楼房改造成民宿，聚集23家村民自主经营民宿，探索田园体验式旅游发展模式，形成以民宿产业为主导的乡村旅游产业新格局。

新桥村地缘阳光玫瑰葡萄产业园成立于2019年，首期开发建设面积约210亩。其中，种植翡翠香印葡萄125亩，葡萄年产量20多万斤，为新桥村土岭村小组集体每年增加30万元收入，促进当地数百名农民实现在家门口就业，联农带农效益高达100多万元。

新桥民宿村（大水坑村小组）入口（清城区新闻信息中心供图）

新桥村地缘阳光玫瑰葡萄产业园采摘区观光长廊（清城区新闻信息中心供图）

新桥特色民宿（清城区新闻信息中心供图）

新桥文旅项目之一——帐篷营地（清城区新闻信息中心供图）

（供稿、复核：朱健明）

清远美丽乡村

清城区东城街道

白庙村

名片

- 清远市美丽乡村生态村
- 北江河鲜
- 飞来峡
- 白庙端午游龙

白庙村村貌（清城区地方志办供图）

白庙村，位于东城街道东部、北江飞来峡出口右岸，距街道办事处约12千米。村庄始建于清朝，此处原是墟市，名广利市。因村中有一座禺山古庙，建庙之初，外墙为白色，故名白庙，村以庙为名而得名白庙村。因村民过去多以打渔为生，所以又名白庙渔村。村落沿北江而建，气候温和，植被覆盖良好，茂林修竹掩饰其间，环境安逸而幽静；屋舍错落有致，平坦整洁的道路通往家家户户。村中随处可见的人文气息，绘就了一幅"自然、生态、文明、和谐"的美丽画卷，2023年该村被清远市美丽乡村建设工作领导小组评为清远市美丽乡村生态村。

禺山古庙（清城区地方志办供图）

白庙村山青、水碧、风柔，以观山水、尝鱼鲜而闻名，是一个别具水乡特色的旅游区，是清远久负盛名的旅游景点。白庙村因河成街，货船、游船南来北往，热闹非凡。游人坐游船，乘船上集市；或放竿垂钓，沐江风，一边尝河鲜，一边看渔民驾舟撒网、鸬鹚戏水觅鱼。村落所处的北江河段水清鱼美，水产资源丰富，峡口鲈、边鱼、和顺鱼、中华毛鲤、峡江鲫、深水桂花鱼等特色河鲜远近闻名。

沿江而上便是被道家称为"第十九福地"的清远峡，即飞来峡。飞来峡奇峰耸

白庙街一角（清城区地方志办供图）

村民晒制的鱼干（清城区地方志办供图）

"第十九福地"牌坊(清城区地方志办供图)

白庙端午游龙(清城区新闻信息中心供图)

立,飞来寺、藏霞洞、飞霞洞等点缀其间,历代文人墨客往来不绝。大文豪苏东坡曾在此留下了"天开清远峡,地转凝碧湾"的千古绝唱。

每年端午前后,白庙村民都要举办游龙活动,活动现场热闹非凡。2022年,白庙端午游龙入选广东省第八批非物质文化遗产代表性项目名录。

(供稿、复核:朱健明)

📍 清城区源潭镇

赤狮坑村

名片

· 清远市美丽乡村特色村

赤狮坑村村貌（清城区新闻信息中心供图）

　　赤狮坑村，位于源潭镇西南部，东南邻迎咀水库，西北邻大帽岭。始建于清雍正年间，由谢姓先祖到此地以烧炭售卖为生而逐渐繁衍成村。村庄建于山坑内，据说建村时村后有块形如猛狮的赤色大石，故取名赤狮坑村。村庄四面环山，空气清新，环境优美，宜居宜人，2020年被清远市美丽乡村建设工作领导小组评为清远市美丽乡村特色村。

　　2020年6月7—8日，受连续强降雨影响，依山而建的赤狮坑村后山发生特大型泥石流灾害，整村受灾严重，村中48座房屋均受到不同程度毁坏。2020年8月15日，赤狮坑村于原村庄西南面约500米处进行异地重建，新建村庄占地面积约42亩，修建23

赤狮坑新村启用入住活动（清城区新闻信息中心供图）

入住新村，村民喜笑颜开（清城区新闻信息中心供图）

栋46座房屋及其道路。2021年2月1日，赤狮坑新村启用入住，全村43户村民齐齐搬迁，入住新村。

新村房屋样式统一，整体采用钢筋混凝土结构，外立面以岭南风格为主，建成的一栋栋崭新别墅式民居整齐划一、靓丽气派。此外，村中设有宽敞明亮的综合楼、用于观赏的水池以及多种健身娱乐设施。

赤狮坑新村启用入住活动现场（清城区新闻信息中心供图）

赤狮坑村综合楼（清城区新闻信息中心供图）

（供稿、复核：朱健明）

📍 **清城区源潭镇**

良洞村

名片

- 清远市美丽乡村特色村
- 古树公园

良洞村村貌（清城区新闻信息中心供图）

古树公园凉亭（清城区新闻信息中心供图）

良洞村，位于源潭镇东部，距镇政府约12千米。始建于清乾隆年间，最初取村名刘屋村，后更名为良洞村，又名刘良洞，别名上良洞。村落四周群山叠嶂，空气清新，一幅"绿树村边合，青山郭外斜"景象。2017年1月，良洞村被清远市美丽乡村建设工作领导小组评为清远市美丽乡村特色村。

2017年，良洞村实施美丽乡村特色村创建工程，修建篮球场、文化室、休闲小公园、停车场等文体、生活娱乐场所，人居环境得到有效改善。

村后建有一座古树公园，12株古树错落有致地分布在山上，有200年以上的红锥树、大榕树，150年的枫香树……翠林环绕，置身其中，让人倍觉心旷神怡。此外，公园内还有景观亭、小桥等供村民休憩、流连。每逢周末或假期，不少游客慕名前往古树公园感受自然、亲近自然。为守护好村里的古树名木，镇、村两级相关部门建立健全古树名木保护管理机制，按照"一树一策"的要求，做好建档挂牌保护工作，并加强对古树名木保护的宣传和推广。良洞村内的12棵古树均已挂上独属的"身份证"。

良洞村古树（清城区新闻信息中心供图）

村中有一座刘氏宗祠，三间三进布局，始建于清朝，2018年重建，建筑面积约300平方米。宗祠雕梁画栋，甚是精美。每逢年节，村民前往宗祠中祈福、祭拜。

刘氏宗祠（清城区新闻信息中心供图）

（供稿、复核：朱健明）

清城区源潭镇

根竹庄村

名片

- 清远市美丽乡村特色村

根竹庄村村貌（源潭镇政府供图）

　　根竹庄村，位于源潭镇西南部，距镇政府约4.8千米。始建于明末，建村时因四周密植根竹（筋竹），故取名根竹庄村。村庄地处丘陵地带，背靠山岭，一条小溪绕村前而过，民居坐东向西，村前是占地面积近120公顷的黄沙渔业养殖基地。村庄附近有南北走向的京广铁路、佛清从高速和国道G240线，交通便利。2023年，根竹庄村的根一村小组和根二村小组均被清远市美丽乡村建设工作领导小组评为清远市美丽乡村特色村。

　　村中修建有文化室、篮球场等文体活动场所。村庄巷道均黑底化，房前屋后建有"四小园"，生态绿化良好。房屋外立面统一刷成米黄色，巷道安装有节能环保的太阳能路灯。干净整洁、优美宜人的人居环境，使村庄与大自然和谐地融为一体。

黄沙渔业养殖基地（朱健明　摄）

根竹庄村依托"黄田"（地名）大片农田相对集中的自然特征，重点发展生态农业，打造丝苗米种植基地，积极培育具有地域特色和市场竞争力的农产品。

（供稿、复核：朱健明）

根竹庄村舞蹈健身场所（源潭镇政府供图）

位于"黄田"的大片丰收在望的稻田（源潭镇政府供图）

清城区龙塘镇

云路村

名片

- 广东名村
- 广东省卫生村
- 清远市美丽乡村特色村
- 木棉大道

云路村村貌（龙塘镇政府供图）

　　云路村，地处北江大燕河冲积小平原地带、龙塘镇中西部，距镇政府3.5千米。始建于清嘉庆年间，俗称大村，又名牛路决村。云路村村道整洁，环境优美，村中约有250盏路灯，夜晚的云路村灯火通明，璀璨夺目。2010年12月，云路村被广东省爱国卫生运动委员会评为广东省卫生村；2014年2月，被中共广东省委农村工作办公室、广东省农业厅、广东省住房和城乡建设厅评为广东名村；2017年1月，被清远市美丽乡村建设工作领导小组评为清远市美丽乡村特色村。

　　云路村村容整洁美观，人居环境舒适宜人。幢幢粉墙红瓦的现代村居鳞次栉比，井然有序；村道宽敞干净，道路、水渠两旁绿树成荫；文化室、广场、休闲健身公园、篮球场、羽毛球场等文化休闲场所与设施齐全。位于村北小山头上、占地面积20万平方米的昌文公园，有"四季花海"的美誉。园内花卉树木2万多棵，一年四季花开不断。园中的荷花观赏池碧波荡漾，荷花袅袅婷婷，吸引游客驻足欣赏。

　　云路村特色乡村游办得有声有色。村中有长约2000米的环村混凝土路，道路两旁

昌文罗公祠（朱健明　摄）

种植了2000多棵木棉树，这就是久负盛名的"木棉大道"。每年春天木棉花挂满枝丫，竞相开放，红艳艳的颜色妆点着村庄。蜿蜒连绵的木棉大道就像一条红色的丝带，缠绕着村庄，与现代村居互相映照，煞是美丽。

村中有昌文罗公祠，始建于清咸丰年间，公祠青砖红瓦，色彩艳丽，雕刻精美，至今保存完好，是清城区不可移动文物。

木棉花海（龙塘镇政府供图）

休闲健身公园（龙塘镇政府供图）

（供稿、复核：朱健明）

昌文罗公祠远景（清城区地方志办供图）

◎ 清城区石角镇

白沙村

名片

- 清远市美丽乡村特色村
- 清远市美丽乡村生态村

白沙村村貌（清城区新闻信息中心供图）

白沙村，位于石角镇东南部，距镇政府约8千米。始建于元至大元年（1308）。邻近广清产业园、美林湖等，地理位置优越。村旁有乐排河自东北向西南流过，村中环境优美。村庄基础设施齐全，是远近闻名的美丽乡村和致富村。2017年1月，白沙村被清远市美丽乡村建设工作领导小组评为清远市美丽乡村特色村；2018年9月，被清远市美丽乡村建设工作领导小组评为清远市美丽乡村生态村。

白沙村生产、生活、娱乐功能分区井然有序，村容村貌整洁优美，居住环境舒适宜人。村中河边湿地公园鲜花绽放，芳草萋萋；崭新平坦的村道环村而建，与每户民宅联通，形成四通八达的环村路网；道路两旁的花卉争奇斗艳，民居外墙上的彩

白沙村和谐主题公园（石角镇政府供图）

白沙村文化纪念馆（石角镇政府供图）

白沙村文化纪念馆内景（石角镇政府供图）

绘让人赏心悦目。白沙村和谐主题公园精致洁净，广场上有健身器材，有社会主义核心价值观宣传窗。村中文化纪念馆、电子阅览室、文化室、篮球场、武馆等文体设施齐全。

白沙村文化室（石角镇政府供图）

（供稿、复核：朱健明）

清城区飞来峡镇

沙坝村

名片
- 清远市美丽乡村特色村
- 冬种马铃薯示范基地

沙坝村村貌（清城区新闻信息中心供图）

"一亩田"民宿内景一角（清城区新闻信息中心供图）

沙坝村，位于飞来峡镇中部，距镇政府约10千米，距飞来峡水利枢纽约5千米。始建于清朝，因村舍建于沙质坝子之上，故得名沙坝村。村庄地处北江右岸的丘陵地带，民居坐西向东，村前是一片广阔的田畴，黄洞水（河）从村南自西向东蜿蜒而过，汇入北江。村四周是翠绿的山岭，自然环境优美，生态良好。村中宽敞平坦的道路、整齐美观的房屋、绿树成荫的公园和干净整洁的环境让人眼前一亮。沙坝村下辖的沙一和沙二两个村小组均被清远市美丽乡村建设工作领导小组评为清远市美丽乡村特色村。

沙坝村大力实施美丽乡村建设。从地面到走廊，从菜园到桥梁，从小巷到广场，既注重保留传统建筑特色，做到"修旧如旧"，又创造性地加入岭南建筑元素，完成的混凝土压花巷道改造和"四小园"建设体现了这一特色。沙坝村还统一农房风貌建设，一排排整齐的黄墙红瓦民居格外醒目，与村

"一亩田"民宿外观（清城区新闻信息中心供图）

千亩冬种马铃薯示范基地（清城区新闻信息中心供图）

沙坝村

落四周的翠绿风景相映生辉,美不胜收。村中还打造了党建长廊、党建广场和党建景墙等特色场域。此外,村民利用集体土地流转成立"一亩田"民宿,民宿中有小桥流水,环境清幽。

沙坝村所在的坳头行政村整合了沙坝村和附近几个村庄的1000亩土地,用于大规模种植马铃薯,成立冬种马铃薯示范基地。基地引进先进的农业技术和设备,采用规模化、标准化的种植方式,提高土地利用率和农业产业效益。

(供稿、复核:朱健明)

清远美丽乡村

清新

美丽乡村

清远美丽乡村

◎ 清新区太和镇

新洲村

名 片

• 广东省"百千万工程"首批典型村

新洲村村貌（清新区史志办公室供图）

　　新洲村，位于太和镇西南部，距镇政府6.8千米。地处平原，水土资源丰富，村民以养殖鱼类和种植淮山、粉葛为主。村民培育的乌鬃鹅品种优良，种植的淮山、粉葛清甜粉糯，被列为"太和三宝"。新洲村人居环境舒适，水稻种植产业发展成熟，基层治理贴心，2023年入选广东省"百千万工程"首批典型村名单。

　　新洲村的村容村貌整洁有序，基础设施和公共服务相对完善，房前屋后有别致的"四小园"，村中党建教育、乡村文化等主题墙绘与周围民居巧妙融合，相映成趣，散发着乡村文化气息和向上向善的新风尚。党群服务中心办公大楼环境优美，配备多间会议室与功能室，为村民提供一站式的代办服务。乡村大讲堂、7间党员活动室、文化宣传长廊等，为群众提供休憩娱乐场所。

新洲村一角（太和镇政府供图）

新洲村以党建引领促发展，充分整合农村资源，引进广东玄真农业发展有限公司、广东百翠农业发展有限公司，以"水稻+"轮作模式打造优质丝苗米产业园，通过"乡村运营"模式，提高特色农产品流通效率，实现集体经济大幅提升，使村民收益得到更好保障。

新洲村汶塘村小组风貌（太和镇政府供图）

（供稿：张静珊、黄雪蓉；复核：王敏智）

清远美丽乡村

清新区山塘镇

水仔尾村

名片

· 清远市美丽乡村示范村

水仔尾村村貌（谢云龙　摄）

　　水仔尾村，位于山塘镇东北部，距区政府约14千米，村域面积约0.14平方千米。村的东南面有北江自北向南流过。因村落位于耕地的水源尾部而取名水仔尾村，别名六村。村落以前建在清远市北江河堤外，汛期常受水潦之患，因此，1970年村庄搬迁至胜利瓦窑塘。2017年1月，水仔尾村被清远市美丽乡村建设工作领导小组评为清远市美丽乡村示范村。

　　水仔尾村传统经营以农业为主，主要种植水稻，兼种花生、番薯等农作物，以及饲养生猪、"三鸟"等。目前，只有小部分村民仍从事传统的农业生产，大部分

农综改建设后焕然一新的水仔尾村（张卫强 摄）

村民以外出务工为主，从事制造、服务等行业，务工地点以清远当地和珠三角地区居多。

村中传统民居为"三间两廊"式广府建筑风格，现存12座。2016年，水仔尾村正式开展农综改建设，投入近500万元，建成了文化室、篮球场，实现村道水泥硬底化，建设污水暗渠及雨污分流系统等，并在村前各出入口安装上视频监控设备，实行每日24小时监控。

水仔尾村文化室（张卫强 摄）

水仔尾村篮球场（张卫强 摄）

（供稿：张静珊、黄雪蓉；复核：王敏智）

清远美丽乡村

◎ 清新区三坑镇

安庆围

名片

· 广东省首个旅游+扶贫重点村旅游咨询服务中心

安庆围村貌（三坑镇政府供图）

安庆围，位于三坑镇中部偏西，距区政府约26千米，村域面积约0.13平方千米，三坑河从村南约1千米处蜿蜒流过。该村始建于清道光十年（1830），村民本着"安居乐业，喜庆吉祥"的美好愿望而取名安庆围，世居村民有温、林两姓。

安庆围传统民居为"三间两廊"式广府建筑风格，现存23座。1996年，安庆文化室由羊城晚报社捐资修建，由羊城晚报社原总编辑、著名专栏作家许实（笔名微音）题写"安庆文化室"牌匾，同年6月22日举行落成庆典，并获赠电视机、图书、报刊等文化娱乐用品一批。

安庆围建有篮球场、林荫绿道、休闲广场，配有健身器材；建有污水处理池，设有垃圾回收点，并且配备保洁员，垃圾定期清运，村容村貌焕然一新。同时，安庆围联合邻近的新乔村、新兴村，一起大力发展乡村旅游，此举在改善居住环境的同时也提高了村民的收入水平。

安庆围利用自身优势资源发展乡村旅游事业，建有旅游驿站、民宿。2017年，广东省首个旅游+扶贫重点村旅游咨询服务中心在该村挂牌成立。

安庆围村道（三坑镇政府供图）

同年初，安庆围兴农乐庄园乡村旅游综合体在该村建成。安庆围兴农乐庄园是集传统农耕体验、开心亲子乐园、农业科普于一体的清西乡村风情田园综合体，园中设有树林探险、骑马、射箭、攀岩等多个既有挑战性又充满乐趣的游乐项目，吸引了大批游客。

（供稿：张静珊、黄雪蓉；复核：王敏智）

安庆围一角（三坑镇政府供图）

清新区三坑镇

葵背村

- 广东省"百千万工程"首批典型村

葵背村村貌（三坑镇政府供图）

葵背村，位于三坑镇北部，距镇政府约5千米，下辖20个村小组，临近汕湛高速出口。村庄土地平整肥沃，温泉资源丰富，建有多间精品民宿。葵背村是三坑镇抓党建促乡村振兴的"排头兵"和"先行者"，也是三坑镇的乡村振兴示范带核心村。2023年11月，葵背村被广东省"百千万工程"指挥部信息建设专班评为广东省"百千万工程"首批典型村。

葵背村道路干净整洁，道路沿线房屋风貌齐整。村中的农家小院青瓦白墙，小院周围古木苍翠、绿草如茵，整个村落远观宛如诗画，呈现出一派宜居宜业的和美乡村景象。

葵背村实现了渠道雨污分流、道路硬底化，设有乡村篮球场、文体广场、农家书屋等公共服务设施。村中种植有3158棵绿化树，并打造了"企业林""人大林"等

综合旅游驿站（三坑镇政府供图）

一批主题林。

　　葵背村乡村旅游基础设施完善，有综合旅游驿站、橄榄树乡村振兴小广场、葵背候车亭、岗仔乡村大舞台、乡村旅游公厕、长10千米的绿道等。葵背村改造美化了沿线16千米的房屋风貌，并沿线设置了乡村景观标识，改善了产业路路面及路边环境，成功打造成"康养山宿·温泉稻乡"乡村振兴示范带核心区域。

　　古木郁苍苍，清泉石上流，坐落在原葵背小学旧址的橄榄泉民宿，拥有得天独厚的地下温矿泉水资源，坐拥多棵百年老树，气候宜人、群山环抱。民宿周围交通便利，环境优美，有精致且返璞归真的宁静之感，成为游客旅游度假放松的胜地之选。

橄榄树乡村振兴小广场（三坑镇政府供图）

葵背村一角（三坑镇政府供图）

（供稿：张静珊、黄雪蓉；复核：王敏智）

清远美丽乡村

 清新区浸潭镇

六甲洞村

名片

- 广东省乡村治理示范村
- 广东省民主法治村
- 乡村振兴农房管控和乡村风貌提升优秀村

六甲洞村一角（六甲洞村委会供图）

  六甲洞村，位于浸潭镇政府东部，距镇政府7千米。东邻英德九龙，南连禾云，西连浸潭白花塱，北接英德九龙。六甲洞村围绕"创特色、优环境、兴旅游"发展思路，打造绿色生态发展品牌。2020年9月，六甲洞村被中共广东省委农村工作办公室、广东省农业农村厅、广东广播电视台评为乡村振兴农房管控和乡村风貌提升优秀村；2020年12月，被中共广东省委农村工作办公室、广东省农业农村厅、中共广东省委组织部、中共广东省委宣传部、广东省民政厅、广东省司法厅评为广东省乡村治理示范村；2023年1月，被中共广东省委全面依法治省委员会办公室、中共广东省委农村工作办公室、广东省司法厅、广东省民政厅评为广东省民主法治村。

六甲洞下迳村（清新区农业农村局供图）

六甲洞村通过"三块地"改革试点，成功发展下迳村小华山风景区和彭屋村73家房客康养民宿；通过招商引资，打造百里紫薇风景区、花间闲度野奢营地、飞达拉攀岩区、浪途车文化旅游越野体验基地等，擦亮"旅游+美丽乡村"名片。

六甲洞村山水资源丰富，景色宜人。该村利用天然优美的喀斯特地貌和丰富的硫铁矿，建设汤泉景区，发展乡村旅游。2014年初，成立下迳村乡村旅游专业合作社，命名为小华山风景区。游客可以在这里泡汤泉，品尝地道农家菜，享受舒适的假期。村内还建有一个小型的乡村记忆馆，将村民家里保存的各类老物件收集归整起来进行展示。

村内有一座六甲洞古桥，此桥被认定为第三次全国文物普查不可移动文物，属县级文物保护

下迳村小华山风景区一角（清新区农业农村局供图）

金龙洞地下河（何华炎 摄）

单位。古桥始建于清朝，是具有代表性的清朝石拱桥。古桥东西走向，为单孔石拱桥，跨越六甲洞河，宽3.1米，长13.86米，两边有引桥，桥面铺设青石、麻石，桥面、桥拱保存完好。

村中有金龙洞地下河。金龙洞地下河长达3千米，河道曲折，洞景奇特。洞内有天然形成的石笋、钟乳石群，有元阴石、元阳石、音乐石壁、石瀑布，还有"石头开花""聚宝金盆"等自然奇观。现金龙洞地下河已以村集体名义出租，开发成旅游景点，景点环境奇特，旅游设施不断完善，受到游客的欢迎。金龙洞地下河景点的发展，使村集体及村民的收入不断增加，带动村落及周边发展。

（供稿：张静珊、黄雪蓉；复核：王敏智）

六甲洞古桥（何华炎 摄）

水西村

清新区石潭镇

名片

- 清远市美丽乡村整洁村
- 云梯古寨
- 五色水稻田

水西村一角（清新区农业农村局供图）

水西村，位于石潭镇东北部，距镇政府约4.5千米。始建于明朝。村落三面环水，背靠九鼎山，村前有一口300多米长的水塘，它由东至西延伸到村两边，呈半包围状，塘内有许多泉眼，塘中水质清冽，长满了茜草，故村庄原名水茜村，后改名水西村。村中翠竹古木遍布，巷道笔直，炊烟袅袅，河溪、稻田、粤北地区特有的石山三者相互呼应，浑然一体，风光优美，自然景观怡人。2016年，水西村被清远市美丽乡村建设工作领导小组评为清远市美丽乡村整洁村。

村内有建于明朝的九鼎山云梯古寨。海拔350米的九鼎山，三面是险峻的悬崖峭壁。整个古寨环山而建，封闭严实，与九鼎山融为一体。从山脚到山顶只有一条720级的石阶道，犹如一架"天梯"，故称为"云梯古寨"。古寨易守难攻，颇有"一夫当关，万夫莫开"之势。山顶上残存有房屋墙基、古井、晒场、城门、栈道等古寨遗迹。

水西村山清水秀，风景秀丽，人居环境舒适宜人，村边清澈见底的小溪里游动着成群的鱼虾。村舍俨然，房前屋后绿草茵茵，幼儿园、小学、幸福广场、篮球场、排球场、文化室、图书室等公共设施齐全。其中，水西图书室藏书4千多册。

水西村休闲公园（清新区农业农村局供图）

村落宛如石林深处的一处世外桃源，附近有可以觅古探幽的九鼎山，还有13万多平方米的五色水稻基地。五色稻米指黑、红、黄、绿、紫五色水稻，具有很强的观赏性。村中清新名优博览园的绿芦笋、紫芦笋，初心农庄的水西黑豆、腐竹等众多瓜果

水西村一角（清新区农业农村局供图）

五色水稻（李卓劲 摄）

和特产，使村民收入不断增加。

村里有"祖王庙"庙会习俗（俗称打醮），每年举行一次。据传，当年智勇双全的朱十八王带领村民奋勇抵御外敌，让村民得以安居乐业，后朱十八王被称为"祖王"。

水西村还有舞稻草龙的习俗。每逢金秋十月，水西村村民就会舞动以田间稻草、山间竹篾等材料精心编扎而成的稻草龙，走村串户巡游送祝福，祈求五谷丰登、人畜平安。

（供稿：张静珊、黄雪蓉；复核：王敏智）

清远美丽乡村

英德

美丽乡村

清远美丽乡村

英德市东华镇

雅堂村

名片

- 广东省古村落
- 英德市十大最美乡村
- 广东十大最美古树

雅堂村村貌（东华镇政府供图）

雅堂村，位于东华镇西北部，距镇政府8千米，始建于明洪武五年（1372）。村北约5千米处有三姐妹山，山势绵延起伏；村东北约5千米处还有巍巍的雪山嶂，高接云天。2018年，被中共英德市委宣传部和中共英德市委农委办评为英德市十大最美乡村；2019年，被广东省文学艺术界联合会和广东省民间文艺家协会评为广东省古村落。

雅堂村村容整洁美丽，人居环境舒适和谐，村道宽敞干净，道路、水渠两旁绿树成荫，文化室、广场、公园、篮球场等文化休闲场所与设施齐全。雅堂村通过发展红色文化、古色文化、绿色文化，来留住最好的乡味乡愁。雅堂村修建有东江纵队雅堂旧址史料展室，对"四点金"式古建筑和古民居进行修缮保护，以"大美雅堂，畅游

雅堂村健身广场（张锋 摄）

雅堂"为品牌，打造"一村一品"乡村旅游项目。

雅堂乡村公园中，栽有多株插云木棉，阳春三月，则花蕊盛放，如彩似锦；落花时节，则好雨摇落，满地红毡。园中的古榕树，树高27米，冠幅36.5米，树干多分枝，气根发达并悬垂向下，树形优美，树龄约430年。2019年，此树获得"广东十大最美古树"称号。

雅堂村古榕树（东华镇政府供图）

雅堂村主题公园（张锋 摄）

雅堂村主题公园，是集社会主义核心价值观主题公园、"扫黄打非"主题公园和健康主题公园于一体的主题公园。公园内绿树成荫，鸟语花香，是村民休闲散步的好去处。人们可以在公园里漫步，感受大自然的清新和宁静；还可以跑步健身，尽情挥洒汗水，享受运动带来的快乐。

（供稿：张锋；复核：英德市史志办公室）

清远美丽乡村

> 英德市英红镇

谢屋村

- 清远市美丽乡村整洁村
- 清远市美丽乡村特色村

谢屋村村貌（英红镇政府供图）

  谢屋村，位于英红镇西北部，距镇政府19千米，始建于明朝初期。谢屋村自然环境优美，田园风光秀丽，邻近云水谣旅游景区、亚马逊生态旅游区及石门台国家级自然保护区，旅游资源和自然资源十分丰富。2017年，被清远市美丽乡村建设工作领导小组评为清远市美丽乡村整洁村；2019年，被清远市美丽乡村建设工作领导小组评为清远市美丽乡村特色村。

  谢屋村修建完善美丽乡村建设，开展村道硬底化工程，排污排水工程，文体广场

谢屋村田园一角（英红镇政府供图）

工程，村绿化、亮化、美化工程，河道特色化整治工程，新建村口桥梁工程等，村容村貌焕然一新。村中，一幢幢新农舍外立面颜色统一，巷道平坦干净，屋旁种满花草，一派欣欣向荣的景象。

　　谢屋村利用良好的生态资源和区位优势，围绕旅游建设，整合全村的土地资源，以"公司+合作社+农户"的模式，着力引进以采摘观光、休闲旅游、农事体验为主的

禾寨生态园（英红镇政府供图）

禾寨生态园成为乡村旅游网红打卡地（英红镇政府供图）

现代农业项目。同时，利用旧村庄开发民宿，发展农家乐，努力实现绿水青山与金山银山的有机融合。

村中的禾寨生态园依托谢屋村天然康养环境、生态农业、优秀本土文化等得天独厚的资源条件，打造集研学教育、旅游、农业种植、特色养殖、科普培训于一体的乡村文旅景点和研学实践教育基地，成为中小学研学教育和居民休闲娱乐及短期度假的最佳选择之一，是乡村旅游的网红打卡地。

（供稿：张锋；复核：英德市史志办公室）

老巫角村

📍 英德市望埠镇

名片
- 清远市美丽乡村特色村

老巫角村村貌（望埠镇政府供图）

  老巫角村，位于望埠镇东北部，距镇政府8千米，始建于清嘉庆二年（1797）。曾用名老虎角。该村英石资源丰富，是著名的英石产地。2018年汕昆高速的通行为老巫角村创造了十分便利的交通优势，村经济得到快速发展。2019年，老巫角村被清远市美丽乡村建设工作领导小组评为清远市美丽乡村特色村。

  走进老巫角村，进村大道两旁明亮的路灯为村民们照亮回家的路，干净卫生的乡村公厕、整洁笔直的村道、依山傍水且优美静谧的生态环境为村民提供舒适的生活条件。

小公园（望埠镇政府供图）

老巫角村充分发挥奇石资源优势，引导"石农"做大"奇石"产业。村中一半以上有劳动能力的村民专门从事奇石的采集和营销，部分人以此为基础，在省道S347线道路两旁发展园林设计、英石加工和建筑业，使此地形成一道美丽的风景线——英石长廊。现如今，老巫角村的"奇石"正在走出村庄，走向全国各地。

英石长廊（望埠镇政府供图）

老巫角村成片稻田（望埠镇政府供图）

老巫角村大力开展土地整合整治，实现高标准农田建设100％全覆盖。通过整合整治丢荒农田、填废山沟水渠、废旧道路等途径，科学规划，不仅建成"田成方、路相通、渠相连、旱能灌、涝能排"的高标准农田，还形成连片绿意盎然、生机勃勃的广阔田野。老巫角村大规模种植水稻，种植品种美香占2号。2019年，该村入选"一村一品"示范村，实现水稻种植面积约1200亩。

老巫角村抓好民生实事工作，创建文化室，提升村容村貌，推进美丽乡村建设，让群众切实得到实惠。老巫角村筹措资金做好乡村公路建设，实现村小组道路全部硬底化，解决群众"出行难"的问题，把老巫角村打造成宜居宜业的幸福家园。

（供稿：张锋；复核：英德市史志办公室）

清远美丽乡村

英德市大站镇

洞尾村

名片
- 清远市美丽乡村特色村
- 绿色生态产业

洞尾村村貌（英德市农业农村局供图）

洞尾村，位于大站镇东部，距镇政府约9千米，始建于清朝中期。洞尾村变资源为产业，全面落实农村人居环境综合整治措施。2020年，被清远市美丽乡村建设工作领导小组评为清远市美丽乡村特色村。

洞尾村依山傍水，生态环境优美静谧，村中51栋整齐规划的新楼房分四排有序排列，房屋中间重新修葺的祠堂方正气派，四周水泥巷道笔直宽敞，房前房后干净整洁，独具特色的集装箱民宿沿溪而建，宽敞的文化室，新建的篮球场、健身广场等公共文体设施配备齐全，一幅绿色宜居的美丽乡村画卷徐徐展开。

洞尾村一角（英德市农业农村局供图）

　　洞尾村拥有丰富的树木、竹、茶等自然资源，注重发展生态农业、旅游观光产业，促进农业增效、农民增收。洞尾村还引进广东德康中药发展有限公司发展林下经济，建成800亩中药材板蓝根样板区；引进英德市茶海农业有限公司大力发展茶文化经济，建成380亩茶园种植示范基地，实现茶叶种植、培育加工、贸易销售、休闲旅

茶园种植基地（大站镇政府供图）

洞尾村家庭民宿（英德市史志办公室供图）

游、茶文化推广等一体化发展，辐射带动家庭农场茶园面积达200亩。茶叶种植以及茶文化产业已经成为洞尾村的支柱产业，村中注册的商标"洞尾春""洞尾秋"广为人知，且深受广大消费者喜爱。

洞尾村以绿色生态为载体，深挖特色文化内涵，与洞美旅游投资有限公司共同打造集房车体验、帐篷露营、家庭民宿、乡村美食、自驾旅游于一体的"洞美营地"乡村旅游精品；与广东绿莹农业发展有限公司着力打造大中小学生社会综合实践教育基地，建造霍比特小屋、家文化教育等一系列特色功能区。这些深受广大游客喜爱，进一步提高了当地农民经济收入。

（供稿：张锋；复核：英德市史志办公室）

◎ 英德市连江口镇

连樟村

名片

- 全国乡村治理示范村
- 广东十大美丽乡村
- 广东省林长绿美园

连樟村村貌（连江口镇政府供图）

连樟村，位于连江口镇东南部，距镇政府13千米，下辖17个自然村。绵绵后龙山，悠悠连樟河，连樟村从曾经省定贫困村、远近闻名的"空心村"变身为"网红村"，如今处处皆美景。村中绿树成荫、小桥流水、鸟语花香，花色、山色相映成趣，蜂飞蝶舞，令人赏心悦目。2020年，连樟村被中共广东省委农村工作办公室、广东省人力资源和社会保障厅、广东省文化和旅游厅、南方报业传媒集团评为广东十大美丽乡村；2021年，被中央农村工作领导小组办公室、农业农村部、宣传部、民政部、司法部、国家乡村振兴局评为第二批全国乡村治理示范村；2022年，被广东省林

连樟村党建广场（连江口镇政府供图）

长办评为广东省林长绿美园；2022年，被农业农村部评为中国美丽休闲乡村。

2018年10月23日，习近平总书记在连樟村考察时说："乡亲们一天不脱贫，我就一天放不下心来。"连樟村村民牢记习近平总书记的殷殷嘱托，坚决打好精准扶贫、

野渡谷民宿（连江口镇政府供图）

精准脱贫攻坚硬仗。通过开展厕所革命、农房管控风貌提升、垃圾和污水治理、产业发展、公共服务配套等措施，建起总书记重要讲话广场、万里碧道、观光花海、灵芝公园、连樟客厅、客家文化广场、乡村振兴学院、野渡谷民宿等景点。

灵芝公园（连江口镇政府供图）

村中的野渡谷民宿发展规模化的有机种植及加工技术，结合美丽乡村建设，打造成为集有机种养、生态农业、度假文旅、湿地公园、拓展基地、企业文旅等功能于一体的原生态、体验型、高端共享度假产品。

（供稿：张锋；复核：英德市史志办公室）

清远美丽乡村

英德市石牯塘镇

联山瑶族村

名片

- 国家森林乡村
- 广东名村
- 广东省卫生村
- 广东省少数民族特色村寨
- 广东省"百千万工程"首批典型村

联山瑶族村村貌（王小卡　摄）

　　联山瑶族村，位于石牯塘镇东北部，距镇政府14千米，邻近韶关乳源瑶族自治县和曲江区，地处石门台国家级自然保护区内。联山瑶族村是英德市唯一一个少数民族行政村，拥有丰富的林地资源，主要种植麻竹笋、冬菇、木耳、茶叶、灵芝等特色农产品。2019年，被国家林业和草原局评为国家森林乡村。2014年，被中共广东省委农村工作办公室、广东省农业厅、广东省住房和城乡建设厅评为广东名村；2020年，被广东省民族宗教事务委员会评为广东省少数民族特色村寨；2023年，被广东省爱国卫

瑶族文化广场（王小卡 摄）

生运动委员会评为广东省卫生村、被广东省"百千万工程"指挥部信息建设专班评为广东省"百千万工程"首批典型村。

联山瑶族村通过保护和传承过山瑶非物质文化遗产，活化利用瑶族门楼、瑶族文化广场、戏台、文化活动室、瑶族特色直播间等文化阵地资源，打造独具瑶族特色的乡村文化空间。瑶族同胞们充分利用独有的瑶族语言和服饰，定期开展舞蹈、歌谣、传统礼仪、传统节庆等文明实践活动，为来往的游客和当地人民群众提供丰富的乡村精神文化生活。

瑶族长桌宴（联山村委供图）

走入联山瑶族村，一幅颇具瑶族风格的秀美乡村画卷映入眼帘。一栋栋农家庭院错落有致，一条条水泥路连村入户、整洁宽敞。漫步田间，绿荫环绕、

村中一角（王小卡　摄）

草木葱翠，让人倍感心旷神怡。

联山瑶族村有10万亩生态林，森林覆盖率达98%。该村充分利用资源优势，发展林下经济，采用"支部+企业+农户"经营模式，建设灵芝产业园，成立联源土特产专业合作社，引进英德市德康农业公司开展中草药南板蓝种植项目，不断拓展农民增收途径。2023年，联山瑶族村人均收入超2万元，真正把生态优势转化为经济优势，实现以"绿"生"金"。

联山瑶族村通过还原过山瑶传统生产生活方式来打造少数民族特色旅游热点，将瑶族长桌宴、特色猜码、高山流水、瑶绣、盘王节等优秀传统文化活化利用，吸引了大量游客前来体验瑶族文化，感受乡村风情，让"过山瑶"吃上"旅游饭"，提高了瑶胞们的收入水平。

（供稿：张锋；复核：英德市史志办公室）

树山罗屋村

📍 英德市西牛镇

名片
- 广东名村
- 清远市美丽乡村示范村
- 清远市美丽乡村特色村
- 罗屋炮楼

树山罗屋村村貌（英德市史志办公室供图）

　　树山罗屋村，位于"中国麻竹笋之乡"西牛镇西北部，距镇政府18千米，始建于明朝中期。树山罗屋村山清水秀，产业兴旺，是民企精准扶贫的"树山样本"，被媒体誉为中国最美扶贫乡村之一。2017年，被清远市美丽乡村建设工作领导小组评为清远市美丽乡村示范村；2021年，被中共广东省委农村工作办公室、广东省住房和城乡建设厅评为广东名村，被清远市美丽乡村建设工作领导小组评为清远市美丽乡村特色村。

　　树山罗屋村，拥有舒适宜人的环境和齐全的配套设施，村容村貌整洁漂亮。村中硬底化村道、路灯、干净的自来水、光纤网络等基本设施，红黄蓝地砖铺设的休闲广

"别墅"群(英德市史志办公室供图)

罗屋炮楼(英德市史志办公室供图)

场,竹筒状护栏围起的村前池塘,引人注目的扶贫文化展馆、文化活动室和图书室,深灰陶瓦、红粉瓷身的两层半联体"别墅",使这个粤北小山村华丽转变,成为一个美丽乡村。

村中存有罗屋炮楼,始建于清朝,坐西向东,主楼硬山顶,木梁瓦顶,下半部分为三合土墙,上半部分以青砖砌筑,高12.2米。正门由木门框、木门、石灰石门枕组成。墙体设有枪眼和花岗岩石窗。顶层四面出檐,稍凸出成炮角。炮楼有一定的防御作用。

该村有特色民俗罗兴堂狮,流行于20世纪70年代。舞狮时需12人表演,分为顺狮和惊狮两种,两种都有狮头和狮尾。顺狮配有大、小猴角色,大猴一般扮演的角色是猪八戒,小猴一般扮演的角色是孙悟空。顺狮温顺,大、小猴相互挑逗,表演时长约2小时。惊狮的表演一般为采青,舞狮时一般以"十点梅花"开场,由锣、鼓、镲伴奏。

罗兴堂狮(钟小洪 摄)

(供稿:张锋;复核:英德市史志办公室)

◎ 英德市九龙镇

河头村

名片

• 中国美丽乡村百佳范例

河头村村貌（英德市农业农村局供图）

　　河头村，位于九龙镇东南部，距镇中心约3.4千米，始建于清康熙四十四年（1705）。河头村位于英西峰林核心景区内，拥有百亩荷花池塘，村边苏坑河流淌而过，旅游资源丰富。2016年，河头村被中国美丽乡村百佳范例宣传推介活动委员会评为中国美丽乡村百佳范例。

　　河头村进行土地整合，因地制宜，积极开展新型农村集体经济探索，带动农业产业化发展，成立桑蚕专业合作社，发展桑芽菜种植业，连片种植桑芽菜1000多亩。

河头村连片田地（英德市农业农村局供图）

凤鸣碧乡客栈（英德市农业农村局供图）

河头村依托喀斯特地貌景观，盘活沼泽地、石头山、丢荒地等资源，构建文旅融合共建机制，坚持以文塑旅，将"九龙豆腐""九龙桑芽菜"等特色产品元素纳入村庄改造、新农村建设中，在打造乡村旅游景点、民宿、蔬果采摘基地的同时，积极培育休闲、康养、研学等旅游业态。其中，九龙峰林晓镇、凤鸣碧乡客栈深受游客喜爱。2018年，九龙峰林晓镇获得"国家AAAA级旅游景区"称号。

河头村着力提升农房风貌品质和营造乡村文化空间，打造"传统归一"的中式村落格局，建设新时代文明实践站、文化活动室、农家书屋、休憩亭、家风家训宣传长廊、小公园等多种乡村文化空间。2023年，河头村因地制宜打造农村小菜园、小公园、小花园等小生态板块，进一步美化农村人居环境。

峰林晓镇（英德市农业农村局供图）

河头村生态板块一角（九龙镇政府供图）

（供稿：张锋；复核：英德市史志办公室）

清远美丽乡村

📍 英德市九龙镇

活石水村

名片

- 第四批美丽宜居村庄示范村
- 省级新农村连片示范项目核心村之一
- 清远市美丽乡村生态村

活石水村村貌（九龙镇政府供图）

  活石水村，位于九龙镇南部，距镇政府5千米，始建于清康熙年间。活石水村是省级新农村连片示范项目的核心村之一，规划打造"活水长虹、荷塘人家"的乡村旅游名村。2016年，活石水村被住房城乡建设部评为第四批美丽宜居村庄示范村，被清远市美丽乡村建设工作领导小组评为清远市美丽乡村生态村。

  活石水村村容整洁漂亮，人居环境舒适宜人。村中幢幢粉墙红瓦的现代村居鳞次栉比，井然有序；村道宽敞干净，道路、水渠两旁绿树成荫；文化室、迎福亭、迎福长廊、廉政公园、篮球场、十二生肖墙等文化休闲场所与设施齐全。

  活石水村为提升乡村品质、进一步发展乡村经济，筑巢引凤发展乡村旅游，打造乡村旅游名村。活石水罗屋村建有水牛渡水景观，集品茶、赏艺、悠闲和展示农村综合改革成果于一体的农综改展馆，以及展示石磨、石门槛等物品的迎福长廊。

活石水村通过建设农家乐来"筑巢引凤"，采用土地入股的方式与企业合作，开发旅游项目，共同发展生态旅游、户外拓展、民宿度假、休闲农业等生态旅游项目，规划打造自然生态美丽乡村游。

活石水村村道（九龙镇政府供图）

活石水村十二生肖墙（九龙镇政府供图）

活石水村迎福长廊（九龙镇政府供图）

活石水村桃花湖民宿（九龙镇政府供图）

（供稿：张锋；复核：英德市史志办公室）

清远美丽乡村

连州

美丽乡村

清远美丽乡村

📍 连州市连州镇

沙坪村

名片

- 广东省传统古村落
- 清远市美丽乡村特色村
- 清远市卫生村

沙坪村村貌（清远市博物馆供图）

　　沙坪村，又称七星墩，位于连州镇西北部，距镇政府约10千米，始建于明成化十四年（1478）。村落坐东向西，保存有沙坪奎秀门楼、太学第、武进士第、罗氏宗祠等建筑古迹，这些建筑大多以青砖砌筑，硬山顶，上为阴阳板瓦顶，正脊板瓦叠置，直棂窗，巷道以青石板铺就。其中，沙坪奎秀门楼内立有记载该村历史的石碑。

沙坪奎秀门楼（清远市博物馆供图）

太学第（清远市博物馆供图）

沙坪村于2014年9月被广东省住房和城乡建设厅评为广东省传统古村落；2015年，被清远市爱国卫生运动委员会评为清远市卫生村；2024年2月，被清远市美丽乡村建设工作领导小组评为清远市美丽乡村特色村。

沙坪村在美丽乡村建设过程中，巧妙保存乡村古韵，实现了现代与历史的和谐统一，整个村散发着独特的美丽气息。村中新建的篮球场、文化室和花圃旁，是成片青砖黛瓦的门楼和古屋，沿着两旁的青砖墙，走在悠长、寂寥的青石板巷子中，

沙坪村民居（清远市博物馆供图）

令人感受到的不仅仅有乡村中独有的静谧宜人，还有充满着悠久岁月气息的历史底蕴。

村后的红枫林景色幽美。秋天，山间的景色由翠绿渐变成橘红，深秋时再洒上殷红的"油彩"，鲜艳的红枫遍染山头。"沙坪秋色"这样绚丽的画面受到摄影爱好者和游客的青睐。

沙坪枫树林（连州镇政府供图）

（供稿：虞日婷；复核：刘增威）

连州市大路边镇

黎水村

名片

- 广东省传统古村落
- 杜鹃花海

黎水村村貌（大路边镇政府供图）

　　黎水村，位于大路边镇西北部，距镇政府10千米，始建于宋朝。村庄四面环山，地处山间峡谷地带，国道G234线穿村而过，将村庄分为楼村和庙村两部分。村内道路整洁、屋舍俨然、花木环绕，传统古建筑青砖灰瓦、飞檐翘角，现代村居错落有致、简洁明快，交相辉映于山水之间，一派古今融合的岭南乡村风光。黎水村楼村于2014年9月被广东省住房和城乡建设厅评为广东省传统古村落，黎水村楼村、庙村分别于2016年6月、2017年10月被广东省爱国卫生运动委员会评为广东省卫生村，黎水村楼村于2018年6月被清远市美丽乡村建设工作领导小组评为清远市美丽乡村特色村，黎水

村庙村于2021年7月被清远市美丽乡村建设工作领导小组评为清远市美丽乡村示范村。

黎水村距秦汉古道（骑田岭古道）怀清亭1.5千米。村庄附近留存着8800多级石级和近3000米的盘山古道，该古道是秦汉时期岭南通往中原最早的通道。与黎水村楼村后岗山相连的寨岭地势险要，是秦汉时期烽火台修建之地，现此地仍留存着烽火台、练兵场、战壕。

村中不乏保存完好、造型独特的古建筑。始建于清乾隆九年（1744）的唐氏宗祠，结构独特，建筑规模较大，雕梁画栋、华丽堂皇，融合五行文化、岭南建筑特色、岭南工艺技艺于一身，彰显着劳动人民的智慧与辛勤；始建于清朝的一排戍楼，沿溪而建，青砖瓦房，每座楼的顶部都砌有鳌头飞檐，楼房的火山墙顶部砌有漂亮的流线，形似古代的铁锅耳，故此种建筑亦称为"锅耳楼"，且一排戍楼集防御和居住功能于一体，现已成为村中最亮丽的风景线；还有白虎庙、唐氏老宅、门

黎水村楼村传统古建筑（大路边镇政府供图）

楼、何氏墓……幢幢古建筑纵横交错，静静矗立，笑看风雨，诉说岁月沧桑。

在尊重自然和保护村落原生态的前提下，黎水村拆除危旧泥砖房，整修排污水渠，拓宽环村公路，美化村道庭院，建成河堤公园、健身广场、休闲小公园以及建筑面积600平方米的文化室，还修建了1.8千米长的环村绿道，实现了长382米巷道的硬底化，整个村庄古村落风韵与新农村美景相得益彰。位于黎水村楼村的后岗山古树参天、漫山杜鹃，既是一个天然的古树公园，又是一片占地138亩的杜鹃花海。每年三、四月，山林里杜鹃花绽放，吸引不少游客驻足欣赏，游客在行古道、游古村、赏花海之余，可以领略古今融合、意蕴悠长的新时代乡村风情。

唐氏老宅（大路边镇政府供图）

（供稿：黎燕；复核：温智深）

黎水村杜鹃花海（大路边镇政府供图）

清远美丽乡村

 连州市星子镇

冲头村

名片

- 广东省卫生村
- 清远市卫生村
- 清远市美丽乡村
- 千年银杏 ·惜字亭 ·古盐商道

冲头村村貌（星子镇政府供图）

冲头村，位于星子镇西北部，距镇政府8千米，村民均姓何。冲头村始建于元朝，保存有何氏宗祠、古盐商道、惜字亭等众多古迹，尽显乡村历史底蕴。依靠历史文化底蕴，冲头村走出了独具特色的美丽乡村之路。2015年，被清远市爱国卫生运动委员会评为清远市卫生村；2017年，被清远市美丽乡村建设工作领导小组评为

何氏宗祠（邓兰芳 摄）

清远市美丽乡村；2020年，被广东省爱国卫生运动委员会评为广东省卫生村。

何氏宗祠，始建于清朝，占地面积1200平方米。主要建筑特色为合二为一的大门与门楼，门楼即祠堂的大门，门前两旁耸立着一对石鼓。祠堂为青砖瓦屋，有飞檐高翘、檐画灰雕；祠堂主体为二进三厅建筑，中间是天井。堂内的三个大厅为前厅、中厅和享殿。现该宗祠仍作祠堂使用，是连州市不可移动文物。

炮楼（邓兰芳 摄）

炮楼，始建于民国。炮楼为五层，高10多米，整体为砖混结构，墙面筑有若干炮孔与拱形窗户，墙体设有用于防御的枪眼。整座炮楼集居住和防御功能于一体，且保存完好，很好地反映了特定时代背景下岭南的传统建筑特色。

近年，冲头村依托银杏、红枫、名人故居等资源，打造休闲美丽乡村观光旅游路线。在美丽乡村建设的过程中，冲头村把基础设施和景观设施建设与当地历史文化完美地结合在一起，绘就一幅生态环境优美、村容村貌整洁、产业特色鲜明、乡土文化繁荣、公共服务健全、农民生活幸福的美丽乡村画卷。

每到深秋，冲头村的枫叶染红了半边山头，千年银杏树渲染着秋的气息，金黄的银杏叶散落在屋顶街巷，村中宽阔的广场、清澈的水塘、整洁的村道，与红叶、黄叶交织成一幅美丽的画卷，让冲头村实现"一步一景""一景一文化"。

深秋的银杏（邓兰芳 摄）

（供稿：邓兰芳；复核：黄取琼）

连州市龙坪镇

水白塘村

名片

- 清远市美丽乡村特色村
- 连州市第一批乡村振兴示范片区
- 乡村振兴馆

水白塘村村貌（龙坪镇政府供图）

　　水白塘村，位于龙坪镇西南部，距镇政府9千米，是连接龙坪镇与连州市区国道G107线路段上的重要交通节点，始建于清朝。村庄四面环山，房屋建在小盆地的小山岗上，主要山岭有天子山，海拔300米。村庄规划合理，基础设施完善，整体环境美丽宜居。2021年1月11日，水白塘村被清远市美丽乡村建设工作领导小组评为清远市美丽乡村特色村。

　　水白塘村山青水绿，溪水潺潺。村前，小桥流水、水车悠悠；村中，翠竹摇曳、亭台静穆，宛如一幅静美的山水田园画。

　　距该村0.3千米的广源碳酸钙公司是龙坪镇非金属矿加工行业领头企业，3千米外的卡房正在兴建更大规模的连州市新材料产业基地，矿产加工企业的兴起带动并加速了水白塘村农业产业和服务产业的发展。

水白塘村入选连州市第一批乡村振兴示范片区，村庄入口位置建有连州市首个乡村振兴馆。该馆以"耕植为本，青石碧景"为主题，表达了镇、村共建美丽幸福龙坪的愿望。村内的廉政公园建有廉政长廊，记载着从西周到清代期间羊续、于成龙等近10位廉洁官员的故事。

乡村振兴馆（龙坪镇政府供图）

水白塘村与周边焦冲、狮子岗、庙塝整合耕地700多亩，连片种植水稻500多亩，形成优质水稻种植示范基地。2013年建成的水益坊农庄，年接待游客量约4000人，带动村庄水晶梨、鹰嘴桃、柚子、桑葚等农产品的购销。

（供稿：袁荣新；复核：陈维江）

廉政公园（龙坪镇政府供图）

清远美丽乡村

◎ 连州市龙坪镇

水路田村

- 清远市美丽乡村特色村
- 连州市首个农村集体经济股份经济合作社
- 紫薇花海
- "水路田"农产品品牌

水路田村村貌（龙坪镇政府供图）

水路田村，位于龙坪镇东北部，距镇政府约7千米，始建于明朝，曾用名水流田村。该村历史文化底蕴深厚，四面环山、傍水，既有青松翠柏遍布、古树参天的自然景观，又有历代多人考取进士的文化底蕴。2021年1月，水路田村被清远市美丽乡村建设工作领导小组评为清远市美丽乡村特色村。

2021年6月，水路田组股份经济合作社正式挂牌，是连州市首个农村集体经济股份经济合作社，合作社的成立助力村民实现成为"股东"的重大转变。

水路田村成立连州市水路田种养专业合作社，采取"合作社+基地+农户"的模式，依托历史文化资源，发展农旅产业。每年夏天，100亩红色紫薇花海环抱着古树

水路田组股份经济合作社挂牌，村民们领到股权证书，在进士门楼前合影（龙坪镇政府供图）

公园，漫山遍野的紫薇花红遍整个水路田村，村中荷花与紫薇花竞相盛开，吸引大批游客前来水路田村参观游览。2022年，水路田村吸引游客达10万人，带动农旅年收入近200万元。

水路田村后山上有灵芝种植基地——仙草园，仙草园占地面积200亩，种植着灵芝、石斛、五指毛桃等林下作物，旁边还种植三华李、鹰嘴桃、猕猴桃、皇帝柑等果树和茶树，形成规模农旅产业。这不仅促进了村集体增收，还辐射带动了村民致富。

2022年，龙坪镇党委、镇政府以村庄为名，牵头创作歌曲《水路田》，该歌曲收获众多好评。村中打造了"水路田"矿泉水、"水路田"鸡、"水路田"红茶等有着"水路田"深刻烙印的产品品牌，全方位促进乡村振兴，带领水路田人奔上致富快车道。

（供稿：袁荣新；复核：陈维江）

紫薇花海（龙坪镇政府供图）

清远美丽乡村

连州市九陂镇

四联村

名片

- 广东省乡村治理示范村
- 清远市卫生村

四联村村貌（九陂镇政府供图）

四联村，位于九陂镇北部，距镇政府约8.5千米，与清远民族工业园区相邻。四联村环境优美，农田井然，铁索桥、玫瑰花路与连片菜心田交织成景、相映成趣，无不吸引游客驻足。2012年10月，四联村被广东省司法厅、广东省民政厅评为广东省民主法治示范村；2020年12月，被中共广东省委农村工作办公室、广东省农业农村厅等评为广东省乡村治理示范村；2022年，被清远市爱国卫生运动委员会评为清远市卫生村。

四联村基础设施完善，村容村貌整洁美观。硬底化的村道四通八达，串联起村民们的朝夕相处；在村民15分钟生活圈里，篮球场、健身角、文化室、公园等文体休闲场所一样不落。一座占地面积250平方米的文化广场，是传统节日时开展民俗表演的舞

四联村

菜心花田（杜建芬 摄）

铁索桥（杜建芬 摄）

台，更是村民日常休闲社交的自由空间。

平坦开阔的田园、横立河道的铁索桥、花团锦簇的公园，都是四联村乡村振兴综合示范片项目。每当连州菜心成熟季到来，点点黄花就如阳光洒在绿色海洋上泛起的粼粼波光，让菜心之甜既在口头，更在心头。州司马祠堂前、连心公园内，栽有梅树、桃树、玫瑰、黄花风铃木等草木近4900株。游

飞鹅岭文化室（杜建芬 摄）

077

飞鹅岭农家客栈与飞鹅岭粤顺农庄（九陂镇政府供图）

客可以驻足铁索桥上，让不远处的桃花与梅花填满取景框，也可以漫步在玫瑰花径上，让浪漫的花朵荡漾心田。村内的飞鹅岭农家客栈总建筑面积1500平方米，住宿条件良好，一旁便是由顺德粤菜团队进驻的飞鹅岭粤顺农庄，两者为游客提供"吃住玩"全方位享受。

村内存有州司马祠堂，始建于清朝道光二十六年（1846），其主体结构保存良好，门额上悬挂"州司马"木匾，内设屏门，进门两侧顶上题有"读圣贤书，行仁义事"的古训。

（供稿：梁国浩；复核：余继伟）

州司马祠堂（九陂镇政府供图）

○ 连州市瑶安瑶族乡

华村

名片

- 广东省卫生村
- 清远市美丽乡村特色村
- 骑田岭古道

华村村貌（瑶安乡政府供图）

华村，位于瑶安瑶族乡北部，距乡政府1千米，距连州市区38千米，省道S346线沿村而过，交通便利。始建于清朝初期，最早到此落户安家的是夏姓先祖，故曾称夏村；因村中方言叫"夏村"像"华村"，20世纪50年代，正式改称为华村。2015年1月，华村被广东省爱国卫生运动委员会评为广东省卫生村；2020年10月，被清远市美丽乡村建设领导小组评为清远市美丽乡村特色村。

2020年，华村开展美丽乡村建设，统筹整合各级资金350万元，在村内集中修建特色外立面、公厕、文化室、球场、公园，设置路灯，进行绿化等，村庄面貌焕然一新，

华村房屋外立面绘画（瑶安乡政府供图）

同年通过清远市美丽乡村特色村验收。

华村现存一条连州骑田岭古道（七里塝段），位于连州瑶安乡和星子镇之间，近8千米长，是连州骑田岭古驿道的一段捷径。从郴州桂阳县至星子镇后，可以通过这条古道至丰阳，经东陂到达连州，还可以经丰阳到南风坳。这段古道将骑田岭古道和萌渚岭的潇贺古道相连，形成一个联通湘粤桂三省的道路网。七里塝古道本体保存情况较好，

七里塝古道九寿亭（瑶安乡政府供图）

七里塝古道石阶（瑶安乡政府供图）

沿途古迹众多，有九寿亭、华村凉亭、明代枇杷汛兵营古堡、石拱桥等。2021年，连州市开展连州古道及华南教育历史研学基地提质创优项目，修缮瑶安—星子段古驿道本体8.49千米，建设古驿道标识连接线系统，连通七里塝古道、华南教育历史研学基地和南岭国家公园。

（供稿：盘伟婷；复核：陈昊）

石拱桥（瑶安乡政府供图）

畔水村

连州市丰阳镇

名片

- 广东名村
- 广东省古村落
- 清远市十大美丽旅游乡村
- 广东粤菜师傅名村

畔水村村貌（丰阳镇政府供图）

畔水村，位于丰阳镇西北部，始建于明成化年间，历史悠久，有浓厚的文化底蕴，是广东省级古村落。畔水村三面环水，溪水从山间流入村庄，滋养着村庄。2015年，畔水村被中共广东省委农村工作办公室、广东省住房和城乡建设厅评为广东名村；2016年，被广东省文学艺术届联合会、广东省民间文艺家协会评为广东省古村落；2018年，被清远市首届乡村旅游节组委会评为清远市十大美丽旅游乡村；2020年，被中共广东省委农村工作办公室、广东省人力资源和社会保障厅、广东省文化和旅游厅、南方报业传媒集团评为广东粤菜师傅名村。

文化休闲公园（丰阳镇政府供图）

　　畔水村村容整洁漂亮，人居环境舒适宜人。幢幢粉墙红瓦的现代村居鳞次栉比、井然有序；村道宽敞干净，道路、水渠两旁绿树成荫；文化室、广场、篮球场、羽毛球场等文化体育休闲场所与设施齐全；村中还建有占地面积5000多平方米的文化休闲公园。畔水村逐步形成生态宜居、乡风文明、治理有效的新农村"样板"，成功创建为清远市美丽乡村生态村和省级新农村示范片核心村。

　　村中畔水庭院·大夫第民宿是一栋九座院落式古宅，前身为明代官员成兆侯府第。民宿坐落于畔水村古建筑群之中，具有青砖外墙、飞檐灰线等特色建筑外观，历经数百年风雨，承载着厚

畔水庭院·大夫第民宿（丰阳镇政府供图）

渔晟园俯视图（丰阳镇政府供图）

重的历史文化底蕴。民宿有19间客房（30个床位），配备2个小花园、3个会客厅、1个会议室和1个书吧，具备完善的乡村民宿功能。民宿室内外环境设计融入了品质生活理念和现代建筑新元素，精心打造、完善住宿和配套服务功能，实现传承古宅文化与享受现代文明的融合，让畔水古村落历史文化建筑在"微改造"中被活化，焕发新的生命力。

畔水村产业兴旺，引进广东渔晟农业科技有限公司，打造以"稻田混养创新科技农业+美丽乡村休闲度假旅游"为发展目标的渔晟园项目。企业以"公司+农户"产业合作模式进行整体运营，可提供物流运输、深加工、冷链、仓储等配套产业直接就业岗位500个。

（供稿：刘楚阳；复核：郭兰莹）

清远美丽乡村

佛冈

美丽乡村

清远美丽乡村

佛冈县高岗镇

田垻心村

- 清远市美丽乡村特色村
- 特色荔浦芋

田垻心村村貌（佛冈县史志办公室供图）

　　田垻心村，位于高岗镇高岗行政村，距镇政府约2千米，始建于清初。村民从英德鱼湾迁至此地而形成村落，世居村民为蓝姓，客家民系，使用客家方言。因村庄周围为农田，故名田垻心村。该村地处丘陵地带，高岗水自西向东从村前流过，省道S252线从村东边经过，村中村道纵横，交通便利，道路两旁的100多盏太阳

田垻心村文化室（佛冈县史志办公室供图）

能路灯使田墘心村的夜晚灯火通明。2023年，田墘心村被清远市美丽乡村建设工作领导小组评为清远市美丽乡村特色村。

田墘心村村容整洁，环境优美。村口黄蜡石刻着"田墘心村"4个大字。村中一栋栋现代民居井然有序，村前有一口由水泥栏杆围蔽的池塘，池塘前面为宽阔的休闲文化广场，文化室、篮球场、羽毛球场等健身设施齐全的活动场所分布其中。村头巷

荔浦芋田（佛冈县史志办公室供图）

尾、房前屋后设置的"四小园"，由红砖围蔽，园中种植蔬果花卉。每逢春天，"四小园"中春意盎然，而村中的杨梅园新栽了几百棵杨梅树，初春时新芽抽出，春渐深，嫩绿的叶子向四面舒展，如若漫步其间，令人心旷神怡。

2021年，高岗村党总支部在落实乡村振兴战略过程中，因地制宜培育"一村一品"产业，成立佛冈绿茵生态有限公司，先后投资100万元，以每亩每年800元，租用该村村民农田200亩。公司采取专业化经营模式，实行"特色荔浦芋、有机水稻"水旱轮作方式，因此取得较好的效益。2022年，全村荔浦芋头总产量达100吨，产值40多万元，解决村中100多人就业问题，促进村集体经济增收。

（供稿：郑中勇；复核：曾道明）

清远美丽乡村

📍 佛冈县高岗镇

上陈村

- 清远市美丽乡村示范村
- 佛红果蔬

上陈村村貌（佛冈县史志办公室供图）

　　上陈村，位于高岗镇长江行政村，距镇政府4.5千米。该村地处丘陵地带，森林资源丰富。烟岭河支流从村西南方流过。京港澳高速公路从村旁经过，省道S252线距村2千米并与乡村道路连接，村中交通便利。上陈村与下陈村同姓同族，陈氏兄弟于清朝中期分家从高岗陈屋村迁入，迁至河流上游的形成上陈村，迁至下游的形成下陈村。上陈村环境优美，村容整洁，2016年，被清远市美丽乡村建设工作领导小组评为清远市美丽乡村示范村。

2015年起，上陈村整合各种资源，主攻农村垃圾、污水治理和村容村貌提升，因地制宜搞好绿化亮化。同时，通过村民自筹和一事一议奖补方式建好篮球场和文化室，按照美丽乡村建设规划，铺设道路，进行绿化美化，增设休闲娱乐广场、儿童娱乐设施，修建污水处理池和增加健身器材等。

上陈村巷道（佛冈县史志办公室供图）

上陈村成立的高岗镇佛红果蔬专业合作社，产业规模50亩，是集育苗、种植、销售于一体的专业合作社。合作社探索种植新品质西瓜芭乐，成功探索出一条适合本地发展的致富之路，推动乡村振兴的落实，帮助村民实现增收。

上陈村健身步道（佛冈县史志办公室供图）

上陈村休闲公园、凉亭（佛冈县史志办公室供图）

（供稿：郑中勇；复核：曾道明）

清远美丽乡村

佛冈县迳头镇

新兴围村

名片

- 广东省卫生村
- 清远市美丽乡村特色村

新兴围村村貌（佛冈县史志办公室供图）

新兴围村，曾用名高坝村，位于迳头镇楼下行政村，距镇政府约4.5千米，始建于明崇祯三年（1630）。近年来，新兴围村民逐步走向富裕，家家户户建起新楼房，新楼房错落有序，漂亮美观，环境卫生整洁。2015年，新兴围村被广东省爱国卫生运动委员会评为广东省卫生村；2023年，被清远市美丽乡村建设工作领导小组评为清远市美丽乡村特色村。

新兴围村是佛冈县农村建设整洁村，村中公共环卫基础设施完善，建立了村垃圾收集点，实行雨污分流。村中道路交通

新兴围村油菜花风光（佛冈县史志办公室供图）

设施的科学规划，有力促进了乡村旅游路、田间路和产业路等多元化、一体化建设。

2022年，新兴围村已完成"五通"（通硬化路、通自来水、通可靠电、通宽带网络、通快递服务）。全村道路已实现硬底化，配置路灯8盏。新建文化室、篮球场和休闲公园，设有多套健身器材和老人儿童活动设施。村道和公园种有樟树、桂花树、铁冬青树等。村中还设有垃圾收集站，全村无害化卫生户厕普及率达100%。

新兴围村文化室（佛冈县史志办公室供图）

该村大力发展绿色生态农业。通过土地流转、"公司+农户"等方式，大力发展经济作物油菜花种植，家禽、家畜养殖等产业。现种植水果180亩，主要品种有葡萄、百香果、火龙果等，村民的经济收入得到较大增长。

舞狮表演队（佛冈县史志办公室供图）

新兴围村有舞狮习俗，成立有表演队。每逢喜庆节日、新张庆典、迎春赛会等，表演队敲锣打鼓、舞狮助兴，展现当地风土人情，传承本土民俗文化。

（供稿：范金来；复核：曾道明）

新兴围村民居（佛冈县史志办公室供图）

清远美丽乡村

佛冈县迳头镇

谢屋村

- 广东省卫生村
- 清远市美丽乡村特色村

谢屋村村貌（佛冈县史志办公室供图）

谢屋村，位于迳头镇龙冈行政村，距镇政府10千米，始建于清乾隆五十年（1785）。该村地处丘陵地带，东、南、北三面田畴环绕，西靠青山。谢屋村厚植乡土文化，涵养文明新风，着力培育文明乡风、良好家风、淳朴民风，持续激发农村发展内生动力，乡风文明建设取得丰硕成果。2015年，该村被广东省爱国卫生运动委员会评为广东省卫生村；2023年，被清远市美丽乡村建设工作领导小组评为清远市美丽乡村特色村。

谢屋村篮球场（佛冈县史志办公室供图）

谢屋村积极推进美丽乡村示范点建设，大力完善村庄基础设施，改造乡村风貌，将古村落保护利用、景观节点建设、农村人居环境提升等有机结合，让村庄整体"颜值"不断提升。该村设立垃圾收集点，并采取符合卫生标准的垃圾处理方式，对全村实行雨污有效分流。村庄水体环境得到了合理有效整治。

谢屋村休闲场地（佛冈县史志办公室供图）

谢屋村污水处理设施（佛冈县史志办公室供图）

2022年，谢屋村实现道路硬底化、通自来水、通电、通宽带网络、通快递服务。村道总长约500米，已全部实现硬底化，并配置路灯5盏。新建文化室1间，占地面积240平方米；新建图书馆1个，藏书500多册；新建的篮球场占地面积620平方米，内设露天乒乓球台等体育设施，配备健身器材和老人、儿童活动设施8套；新建的休闲公园占地面积300平方米。村中还建有雨水、污水分流管网2010米，绿化美化面积260平方米，设有气象监测设施，全村无害化卫生户厕普及率达100%。村中村道干净，空气清新，人居环境舒适。2023年，全村村道旁和小公园内都种有荫香树、桂花树、铁冬青等树木。

谢屋村通过土地流转、"公司+农户"等方式，大力发展经济作物种植和家禽、家畜养殖产业。2023年，全村水果种植面积320亩，品种有枇杷、青梅、三华李、甘蔗等，其中黑皮甘蔗种植面积167亩。村内种植业、养殖业的发展，使村民的经济收入得到较大增长。

谢屋村气象监测设施（佛冈县史志办公室供图）

（供稿：范金来；复核：曾道明）

塘口村

佛冈县水头镇

名片

- 广东省社会主义新农村建设示范村
- 清远市美丽乡村特色村
- 魔芋基地

塘口村村貌（佛冈县史志办公室供图）

乡村道路（佛冈县史志办公室供图）

塘口村，位于水头镇新联行政村，始建于清初。建村时，因村庄所在地的地形像"乌鸦落塘"，且村民又在村前开挖了一口池塘，故取名塘口村。塘口村自然环境优美，水资源丰富，空气质量良好，乡村环境和生态系统持续改善。2019年，该村被广东省农业农村厅

休闲广场（佛冈县史志办公室供图）

魔芋产学研创新中心（佛冈县史志办公室供图）

村前溪流（佛冈县史志办公室供图）

评为广东省社会主义新农村建设示范村；2021年，被清远市美丽乡村建设工作领导小组评为清远市美丽乡村特色村。

塘口村前有一条清澈见底的小溪，流水潺潺，溪水两旁设置仿制的毛竹围栏。村中铺设一条色彩相间的沥青道路，如同一条彩带飘落在村间，具有岭南特色风貌的民宅分布在"彩带"两旁，见证着"江源水韵"示范带项目及美丽乡村特色村项目的创建成效。该村实现村内主干道、巷道全面硬底化6.1千米，黑底化主要干路1.7千米。全村安装监控系统23个，安装路灯67盏，打造"四小园"31个。全村形成生活污水统一治理机制，村中还修建塘口村民休闲广场、塘口会客厅，内设公共停车位60个，村庄面貌焕然一新。

塘口村在开展美丽乡村建设过程中，以乡村农业观光旅游发展为契机，有效整合闲置资源。其中，将废弃小学改成魔芋产学研创新中心，利用闲荒地种植魔芋，把原文化室改造成游客中心，把村汽水厂旧址打造成乡村振兴研学基地，提高乡村吸引力及"可玩性"，带动村民就业及促进村民增收。塘口村通过打造绿色生态园，发展现代农业与观光农业相结合的特色旅游业，打造"可游览、可观光、可居住"的环境景观，进而在全村形成集约高效的生产空间、宜居适度的生活空间、山清水秀的生态空间。

塘口村昌毓李公祠（佛冈县史志办公室供图）

塘口村昌毓李公祠，建成至今已有300多年历史，建筑面积300平方米，1928年重建后，公祠门楣上有"昌毓学校"石刻，村民聘请教师在此给村中少年上课，至今该祠保存完好。

（供稿：李协湖；复核：曾道明）

村民住宅区（佛冈县史志办公室供图）

清远美丽乡村

佛冈县水头镇

红星村

名片

- 抗日战争时期游击根据地村
- 清远市美丽乡村示范村
- 廖氏宗祠

红星村村貌（佛冈县史志办公室供图）

　　红星村，位于水头镇石潭行政村，距镇政府5千米。始建于清初，因地处潖江边的沙滩上，村民多养鸭，故取名鸭仔坝村，中华人民共和国成立后改名为红星村。1951年，原东江支队第四团团长黄信明特赠送刻有"红星村"字样的匾牌给红星村。1990年4月，该村被清远市人民政府评为抗日战争时期游击根据地村；2023年4

黄信明亲笔题写的"红星村"匾额（佛冈县史志办公室供图）

月，该村被清远市美丽乡村建设工作领导小组评为清远市美丽乡村示范村。

从空中俯瞰红星村，金色的田野、宏大的广场、潺潺流动的溪流、整齐划一的民宅，如同大小不一的山水人文印章，印刻在这幅美丽乡村的画卷上。"画卷"中有一幢幢规划整齐的房屋，有宽敞干净

三角梅村道（佛冈县史志办公室供图）

的乡间村道，其中一条村道的两边种满了三角梅；还有整洁漂亮的广场、公园，内设用于休闲健身的文体设施，其墙体绘制了各种移风易俗、乡风文明等主题连环画……村中景色秀丽，人居环境舒适宜人。

2019年，红星村打造广东省新农村连片示范区，全村推进农村人居环境整治、乡村基础设施建设、乡风文明培育工程。村中逐渐建起标准的篮球场、垃圾收集站、生态小公园、禽畜饲养栏等。同时，以精神文明创建为核心，"道德积分银行"为载体，强化道德宣传，不断推进移风易俗工作，破除陈规陋习，促进乡风文明建设。

红星村围绕"红色旅游"和"生态旅游"主题，创建"江源水韵"示范带，建设绿道网，以点带面、因地制宜改善人居环境。通过"四旁""五边"见缝插绿，

村文化体育设施（佛冈县史志办公室供图）

村广场一角（佛冈县史志办公室供图）

村综合文化中心（佛冈县史志办公室供图）

在环村路旁及休闲公园内种植小叶榄仁、桂花、小叶紫薇、三角梅等绿化苗木，还鼓励村内种植大户扩大嘉宝果种植规模，推动绿美生态转化为绿美经济。同时，深度融合"红色+绿美"，种植300株红木棉，打造石潭英雄林，与爱国主义教育基地、石潭休闲公园串联成红色景观。

红星村是革命老区，在抗日战争和解放战争时期，是中国共产党在佛冈开展革命活动的重要地区。村中廖氏宗祠为中共天西乡支部活动旧址，1938年11月，在此建立佛冈县第一个中共支部天西乡党支部。廖氏宗祠古色古香，显示出庄严肃穆、雄伟壮观的建筑风格，2012年被列入佛冈县不可移动文物名录。

（供稿：李协湖；复核：曾道明）

廖氏宗祠（佛冈县史志办公室供图）

中华里村

佛冈县石角镇

名片

- 广东省美丽乡村特色村
- 清远市美丽乡村特色村
- 中华里书院
- 生态观光农业
- "做田了"特色民俗节

中华里村村貌（朱家佑　摄）

中华里村，位于石角镇黄花行政村，距佛冈县城区20千米，始建于明万历二十年（1592），至今已有400多年历史。因该村位于黄花地区中心地带而得名中心岗村，1911年改名为中华里村。2019年，在由中共广东省委农办、南方报业传媒集团联合主办的"寻找乡村振兴排头兵"系列活动中，该村被评为广东美丽乡村特色村。同年，该村被清远市美丽乡村建设工作领导小组评为清远市美丽乡村特色村。

中华里村坚持绿色生态发展道路，村中山上绿树成荫，森林覆盖达82%，到处鸟语花香，景色宜人，是天然的大氧吧。2019年，中华里村成为清远市农村综合改革

整洁干净的村道（佛冈县史志办公室供图）

的试点村，修复了村中书院、小广场、村内巷道以及后山公园，修建了大茅寮凉亭、中华里大桥、地笪广场、饮水工程等，还升级完善了标准化篮球场、观赏池、休闲亭台，还开辟修建了乡村公园。

2022年，该村推进人居环境综合治理，全力实施"厕所革命"及长效管护机制，率先成立村卫生管护队来保障村貌整洁。全面实施亮化工程，在村道环线安装路灯324盏；借助村域企业、集团的出资，扩宽道路、维修排水沟坝等，完善民生工程，修复、加固地质灾害点，保障村民生产生活安全。

该村成立专业合作社，开办养殖场，打造生态观光农业，推动"农业+旅游"产业融合。中华里村注重传统文化传承，以"红色"资源为切入点，大力发展"一村一品"黄花柿子产业，精心培育连片观光农业，培育种植卧龙谷格桑花，推动中华里村全面振兴。

"做田了"是当地传统民俗节日，距今已有近600年的历史。每当

格桑花海（佛冈县史志办公室供图）

休闲农庄（佛冈县史志办公室供图）

农历七月初五，村中举办"做田了"民俗节。由于农民种田得看准农时耕种，二月春耕，播种水稻，农民同时放下鸭苗到田间觅虫食草。到夏秋收割完稻子，鸭子也长肥了，一年的辛劳稍告一段落，做完了田间"功夫"，俗称做完"田料"。这时，人们为了犒劳自己，家家捉鸭烹食庆祝，年年如此，约定俗成，人们称之为"做田了"，这就是此民俗的由来。

村中举办"做田了"民俗节（佛冈县史志办公室供图）

（供稿：李协湖；复核：曾道明）

清远美丽乡村

佛冈县石角镇

大田村

- 广东省美丽乡村
- 广东名村
- 清远市平安村
- 佛冈县文明村

大田村村貌（佛冈县史志办公室供图）

　　大田村，位于石角镇里水行政村，距镇政府12千米，始建于明朝中期。由于村落建在田野上，故取名大田村。该村地处省道S252线里水段北面的丘陵地带，环境优美，人居环境整洁舒适。2014年，大田村被广东省农业农村厅评为广东省美丽乡村，并被誉为"美丽大田"；2015年，被中共广东省委农村工作办公室、广东省住房和城乡建设厅评为广东名村；2017年，被佛冈县农业农村局评为佛冈县文明村；2020年，被清远市美丽乡村建设工作领导小组评为清远市平安村。

　　大田村实施绿化、美化、亮化工程，房屋、村道整齐有序，营造亮丽、整洁、舒适的宜居环境。该村建有大田之家、儿童活动之家、图书室、篮球场、休闲广场等文

村民新居（佛冈县史志办公室供图）

香蕉种植基地（佛冈县史志办公室供图）

"醉美大田"观光花海（佛冈县史志办公室供图）

化体育娱乐场所，既丰富村民的精神文明生活，又促进乡风文明建设。

大田村特色农产品有砂糖橘、番石榴、百香果、火龙果、香蕉等。

大田村是佛冈县石角镇"山水画龙"生态旅游线路的景区之一。该村以奇特的山水、美丽的田园、多彩的农家乐、纯天然的美食以及可以体验农村生活的民宿等，推动乡村生态特色旅游发展，形成集吃、住、行、游、购、娱于一体的现代生态休闲旅游新格局。

（供稿：朱家佑；复核：曾道明）

清远美丽乡村

 佛冈县石角镇

生水塘村

名片

- 广东省社会主义新农村建设试验区
- 清远市美丽乡村特色村

生水塘新村村貌（佛冈县史志办公室供图）

生水塘新村民居（佛冈县史志办公室供图）

生水塘村，位于石角镇龙塘行政村，距佛冈县城8千米。该村始建于明朝中期，因村中水塘多，常有地下水涌出而得名生水塘村。该村村旁溪水自北向西流至不远处的龙南河，距村2千米有省道S252线与县道连接。2012年，生水塘村被列入构建广东省社会主义新农村建设试验区，借助碧桂园扶贫项目，建设全县首个社会主义新农村——碧桂园·生水塘新村。2019年,生水塘村被清远市美丽乡村建设工作领导小组评为清远市美丽乡村特色村。

新村位于大将岭前的开阔地带,占地面积3.6万平方米,总投资1500万元,建有52套联排式别墅民居,每套民居占地面积141平方米。2015年1月,新村住户全部迁入新居。

生水塘新村健身广场(佛冈县史志办公室供图)

新村村貌整洁美观,民居建筑风格具有岭南广府特色。村中联排式别墅分为3列,每列4栋,横竖对称,布局整齐划一,间隔科学合理。新村巷道宽敞整洁,交通纵横通畅。

新村环境优美,公共基础设施完善,建有村文化中心、篮球场、羽毛球场、文化室等健身娱乐场所。村公园里绿树成荫,花坛里、小道边,各种花卉四季常开,鸟语花香,曲径通幽,环境幽雅。

生水塘新村公园(佛冈县史志办公室供图)

生水塘新村村前乡道（佛冈县史志办公室供图）

该村种有澳洲坚果、青花梨、山楂、青枣、柿子等，总面积150多公顷，其中澳洲坚果种植面积60多公顷。此外，还种植有2万多棵沉香等珍贵林木，并在大茅坪建设澳洲坚果种植基地，全村逐步形成新的林果业布局。

（供稿：钟少军；复核：曾道明）

生水塘新村村前鱼塘（佛冈县史志办公室供图）

◎ **佛冈县汤塘镇**

陂角村

名片
- 广东省文化和旅游特色村
- 全国乡村与乡村振兴主题春晚会场
- 清廉文化教育基地
- 莲花灯塔广场

陂角村村貌（黄超贤 摄）

陂角村，位于汤塘镇新塘行政村，距镇政府0.8千米。原名余庆里，因地处四九河与潖江交汇的水利陂头旁而得名陂角村。该村始建于明成化年间，是一座蕴含岭南特色文化的古村落，现保存有相对完整的岭南特色围屋群、爱莲书室、周奋故居等建筑。2019年，陂角村被广东省文化和旅游厅评为广东省文化和旅游特色村。

该村整合土地资源，整治村容村貌。通过盘活村内经济合作社的土地，采取外租、承包方式，增加公共收入。对村内老旧房屋进行改建，做到修旧如旧，打造传统

爱莲花海（佛冈县史志办公室供图）

石磨坊、农产品展厅、人民饭堂等供游客游览、用餐，体验乡村风情。在村中别具风情的农家乐中，可以品尝到正宗的汤塘臭屁醋、糯米糍等地道的农家美食。村中的特色民宿为青砖、木门、灰瓦结构，经济实用，置身其中使人身心回归乡野。村中

村灯塔及广场大门（佛冈县史志办公室供图）

2018年全国"乡村春晚与乡村振兴"主题春晚活动现场（佛冈县史志办公室供图）

设有120个停车位，方便游客停车。

村中建有莲花灯塔广场。每至夜晚，塔上的灯光与天上的星辰相互辉映，璀璨夺目。灯塔高大、鲜明、靓丽的身姿更是为秀丽的汤塘美景画龙点睛，映照着村民的幸福生活。

陂角村通过整合土地和涉农资金，发展现代观光农业，实现"资源变股权、资金变股金、农民变股民"。村中种植的百亩荷花，显示出该村美丽乡村的独特景象。2018年，陂角村承办了全国"乡村春晚与乡村振兴"主题春晚活动。

2020年，陂角村打造"周敦颐清廉文化"旅游线路。通过村中周敦颐清廉文化教育基地，把"清廉文化"建设与美丽乡村建设结合起来，将濂溪书院、陂角古村落与乡村旅游有机融合，统一规划，连片打造档次高、标准高的廉洁文化教育基地，开辟研学教育旅游新业态。

（供稿：郭治国；复核：曾道明）

清远美丽乡村

佛冈县汤塘镇

滠江村

名片

- 全国文明村镇
- 全县新农村建设和名镇名村建设示范村

滠江村一角（佛冈县史志办公室供图）

  滠江村，是汤塘镇下辖的行政村，距镇政府11.5千米，下辖8个自然村。2019年滠江村启动美丽乡村创建工作，2020年被中央精神文明建设指导委员会评为全国文明村镇。滠江村是佛冈县新农村建设和名镇名村建设示范村。2021年底，8个自然村全面通过清远市美丽乡村创建标准验收。

  滠江村注重保护辖区河道、林地、山体和生态绿道的景观原貌。规划修复河道，对村内四九水的支流沿线进行生态修复；规划修复林地，依据原林地自然植被和生态

涖江村

菱船农家乐（佛冈县史志办公室供图）

环境进行林地修复；规划建设生态绿道，结合邻村县道和通村路，建立生态绿道网络系统。涖江村投入资金3103.5万元，使辖区8个自然村达到通自来水、通电、通有线电视信号，有村级物流电商点，村内道路完成硬底化工程，公共服务设备完善。

涖江村一年四季瓜果飘香，主要产品有优质的桂味荔枝、石硖龙眼、鸡心黄皮、砂糖橘等，是全县名副其实的水果强村。涖江村发展地方特色观光旅游农业和现代生态农业，打造以"地方特色农业+乡村文旅"为主导产业的特色精品乡村。

村内休闲花园（佛冈县史志办公室供图）

（供稿：郭治国；复核：曾道明）

清远美丽乡村

佛冈县汤塘镇

上闸村

名片

- 广东省古村落
- 广东省卫生村
- 清远市美丽乡村特色村
- 温泉之乡
- 传统民俗舞龙舞狮

上闸村村貌（佛冈县史志办公室供图）

上闸村，位于汤塘镇汤塘行政村，距镇政府1.6千米，始建于明天顺年间。该村因处于潖江河堤坝上段而取名上闸村。2012年，该村被广东省文联、省民协评为第三批广东省古村落；2015

上闸村一角（佛冈县史志办公室供图）

上闸村一角（佛冈县史志办公室供图）

年，被广东省爱国卫生运动委员会评为广东省卫生村；2022年，被清远市美丽乡村建设工作领导小组评为清远市美丽乡村特色村。

上闸村村容村貌整洁，街道平整，雨污分流，排水畅通，垃圾收集设施齐全，人居环境舒适宜人。村道路两旁绿

上闸村为佛冈温泉之乡（佛冈县史志办公室供图）

树成荫，文化室、广场、小公园、篮球场等文化休闲场所与健身设施齐全，绿化美化配套到位。

温泉是上闸村的一大特色，该村温泉早在宋代《太平寰宇记》中已有记载。经鉴定，该村温泉为国内稀有的高温氡泉，泉水含有20多种对人体有益的元素，对促进人体新陈代谢，治疗关节炎、高血压等均有独特的浴疗功效，并可治疗多种皮肤病，被誉为"水中贵族"。20世纪末以来，上闸村注重旅游开发，现已打造成为集休闲疗养度假于一身的"温泉之乡"。

上闸村历史悠久，始建于明天顺年间，现存78座传统广府民居，其中有冯氏宗祠

村广场一角（佛冈县史志办公室供图）

和罗氏宗祠。冯氏宗祠始建于明代，占地面积604平方米，为三进两天井布局，宗祠里的狮托、虾拱、灰雕、壁画栩栩如生。罗氏宗祠建于明末，抗战时期曾用作国民革命军某师指挥部。

该村民间传统习俗有舞龙和舞狮，有"上闸舞龙，下闸舞狮"之说。舞龙习俗始于清乾隆年间，有舞软甲龙和硬甲龙之分，村民以舞龙来祈求风调雨顺、五谷丰收、财源广进。

（供稿：郭治国；复核：曾道明）

佛冈县龙山镇

横围

名片

- 广东名村
- 广东省人文历史最美乡村旅游示范点
- 清远市美丽乡村特色村

横围村貌（佛冈县史志办公室供图）

村民新居（佛冈县史志办公室供图）

横围，位于龙山镇上岳行政村，距镇政府12千米。该村始建于清顺治年间，抗元名将朱文焕的后裔朱瀚生到此地建村，建村时原计划使村庄坐东北向西南，后改成坐西北向东南，故取名横围。横围为上岳行政村古围村的重要组成部分，村内主要建筑物有上、中、下归仁里及朴山朱公祠，全村布局整齐有序，镬耳式山墙建筑风格独特，古建筑群保存完好。2014年，

117

古民居（佛冈县史志办公室供图）

横围被中共广东省委农村工作办公室、广东省农业农村厅、广东省住房和城乡建设厅评为广东名村；2019年，被广东省文化和旅游厅评为广东省人文历史最美乡村旅游示范点；2021年，被清远市美丽乡村建设工作领导小组评为清远市美丽乡村特色村。

横围生态环境优美，村前荷塘景色秀丽，塘中水质清澈。每逢夏天，荷花争妍斗艳，清风送来阵阵花香；村道宽敞干净，绿树成行，路边花团点缀，使人赏心悦目。村内每座古民居雕梁画栋，墙壁古画各具特色，巷道以花岗岩石板铺设，体现出明清时期岭南建筑风格与特色。其中，镬耳楼民居121号、泗吉堂、朴山朱公祠等建筑于2010年10月被列入广东省文物保护单位名录。

村前荷塘（佛冈县史志办公室供图）

2018年12月23日，中国象棋特级大师吕钦与佛冈县农民棋手进行车轮式应众对抗表演（佛冈县史志办公室供图）

横围文化底蕴深厚。自明代以来，村民素爱中国象棋对弈活动，此地有"象棋之乡"美称。2016年至2024年，佛冈县先后在此举办了4届农民象棋大赛和2024年春节象棋大赛，曾多次邀请吕钦等特级象棋大师进行车轮式应众对抗表演。该村还注重文化体育设施建设，文化室、文化广场、休闲公园、体育健身场所设备齐全。村中的醒狮队、武术队、歌舞队在重大节日及庆典活动中进行表演，营造浓烈的文化氛围。

休闲观光旅游是横围的特色产业。该村利用自然、人文物质和非物质资源，开发了古村观光、农家风情、景观拍摄、艺术写生等旅游服务，吸引各地游客前来参观明清时期的古村民居和感受中国传统宗族文化，享受现代田园风光及体验农家休闲生活。村中的景区划分成入口迎宾区、古民居庭院参观区、五龙过脊和古村起源观光区、不同时代建筑和文化对比区、百年商街区、农家风情区等6个区域，旅游团体、自驾游游客每天络绎不绝，该村成为网红旅游打卡地。

休闲公园（佛冈县史志办公室供图）

（供稿：朱家佑；复核：曾道明）

佛冈县龙山镇

大围村

名片

- 广东省乡村治理示范村
- 清远市美丽乡村特色村
- 清远市农村创业青年创业示范基地

大围村村貌（佛冈县史志办公室供图）

大围村，位于龙山镇下岳行政村，距镇政府15千米。村庄坐西向东，东面与大坑村相邻，南面与塘沙口村相望，西靠背底山，北面与锣鼓石岭相接。该村始建于明嘉靖年间，由上岳村的朱氏后裔迁至此地建村，因村中聚居的人口多，占地广，故取名大围村。2021年，该村被清远市美丽乡村建设工作领导小组评为清远市美丽乡村特色村；2022年，被广东省委农村工作办公室、广东省农业农村厅、广东省乡村振兴局评为广东省乡村治理示范村。

大围村村容村貌整洁美观，乡村建设规划合理。该村以生态环境优美，人居环境舒适宜人为目的进行优化布局，完善乡村公共环卫基础设施，实施雨污分流，提升环境污染治理水平；坚持道路交通科学规划，村中主干道、停车场、休闲公园、娱乐场所布局合理。大围村古民居维护管理严谨，新居民楼整齐有序，古代建筑与现代建筑相互辉映，村容村貌得到进一步提升。

大围古民居（佛冈县史志办公室供图）

大围村传统文化遗产得到很好的保护与传承，乡村文化活动丰富多彩。村中的梅轩朱公祠、松轩朱公祠、裕达家塾、积善里、芳庐等古建筑保存完好，并于2012年被录入佛冈县不可移动文物名录。该村的文化室、文化广场、休闲公园、体育健身场所设备齐全。村中的醒狮队、武术队、歌舞队在重大节日及庆典活动中进行表演，营造出浓烈的文化氛围。自明代以来，村民酷爱中国象棋对弈活动，象棋文化历代不衰。近年来，为更好传承和弘扬这一文体活动，大围村在小学生中开展棋艺培训普及活动。

大围村注重特色产业发展，实现乡村经济多元化。利用水资源丰富的优势，大力发展水产养殖业，百亩鱼塘遍布村前村后。在发展水产的同时，注重开发种植业、家

村民新居（佛冈县史志办公室供图）

禽家畜养殖业。近年来，村民开办乌鬃鹅养殖基地、牛大力种植基地，成立专业合作社。2022年，该村的安民乌鬃鹅养殖基地种鹅存栏1.2万只，肉鹅存栏6万只，鹅苗年产量30万只。牛大力基地种植牛大力50亩，生产成汤料、药酒等健康产品进行销售。同时，创办青少年科普教育基地，利用鹅趣园推动农村知识科普。2022年8月，该村安民鹅业发展专业合作社的鹅趣园被清远市关心下一代工作委员会评为清远市农村创业青年创业示范基地。

乌鬃鹅养殖基地（佛冈县史志办公室供图）

（供稿：朱家佑；复核：曾道明）

青少年科普教育基地鹅趣园（佛冈县史志办公室供图）

佛冈县石角镇

莲塘村

名片

- 清远市宜居乡村
- 清远市美丽乡村特色村

莲塘村村貌（佛冈县史志办公室供图）

莲塘村，位于石角镇石铺行政村，距镇政府15千米。始建于清初，世居村民为郑氏，清初从佛山南海迁至此地。建村时，因村旁原有几口鱼塘连成一片，故称为莲塘村。该村地处丘陵地带，环境优美。2015年，该

莲塘村农田里的油菜花（佛冈县史志办公室供图）

石联山涧小溪（佛冈县史志办公室供图）

村前休闲凉亭及小广场（佛冈县史志办公室供图）

村被清远市美丽乡村建设工作领导小组评为清远市宜居乡村；2020年，被清远市美丽乡村建设工作领导小组评为清远市美丽乡村特色村。

莲塘村三面环山，空气清新，生态环境和自然景观得天独厚。村庄背靠狮形山，东连背底岭山，山上林木茂密，郁郁葱葱。村西面是石联山涧小溪，溪水清澈；村南是河边绿道，龙南河傍村而过；村北面是县道石龙线。村前农田里，花开时节，大片黄澄澄的油菜花香气飘溢，花香逼人。

村中建有休闲文化广场，文化室、篮球场、羽毛球场等，基础设施齐全。村中一栋栋现代民居井然有序，村道纵横宽敞，雨污分流，环境整洁。村头巷尾、房前屋后

莲塘村休闲文化广场一角（佛冈县史志办公室供图）

莲塘村一角（佛冈县史志办公室供图）

莲塘村黑皮冬瓜种植基地（佛冈县史志办公室供图）

围蔽的"四小园"中，种满蔬果花卉，一派生机盎然景象。村中几十盏太阳能路灯，让莲塘村静谧的夜晚变得灯火通明。

村民有习武强身的传统，村中至今仍保留有百年武馆"联和堂"。村中保留了传统舞狮风俗，逢年过节，村民进行舞狮表演。

莲塘村有专业、成熟、传统的黑皮冬瓜种植技术，建有莲塘村黑皮冬瓜种植基地。黑皮冬瓜一年可种3造，每造亩产约9吨。2021年以来，全村每年种植黑皮冬瓜50亩以上，年产值250多万元。

（供稿：钟少军；复核：曾道明）

佛冈县石角镇

里冈村

名片
- 清远市美丽乡村特色村
- 休闲广场 • 四小园
- 香蕉

里冈村村貌（佛冈县史志办公室供图）

　　里冈村，原名鲤冈村，位于石角镇里水行政村，距镇政府12千米，始建于明初。因该村坐落在一条南北走向的鲤鱼形山脉东面，坐西向东，靠冈而建，故取名鲤冈村。后人为了书写方便，把鲤冈村写成里冈村，此后便一直沿用下来。2020年，该村被清远市美丽乡村建设工作领导小组评为清远市美丽乡村特色村。

　　里冈村依山傍水，自然环境优美。村东面是平坦农田，土地肥美。放眼望去，大片的香蕉树和砂糖橘树生机勃勃，为里冈村的自然景观增添了亮丽的色彩。村西面的龙南河河水清澈见底，龙南河石联段自北向南穿村而过，为里冈村大片的农作物生长提供了丰富的水源。

村公园一角（佛冈县史志办公室供图）

里冈村一角（佛冈县史志办公室供图）

里冈村民居规划布局合理，村道宽敞，村容整洁美观。一栋栋现代民居井然有序，矗立在村中；省道S252线从村南经过，交通便利；村头巷尾、房前屋后，以栏栅围蔽的"四小园"中，栽有蔬果花卉，一派生机盎然景象。晚上，村中近100盏的太阳能路灯让里冈村变得灯火通明。

村前为宽阔的休闲文化广场，文化室、篮球场、羽毛球场等分布其中，设施齐全。广场旁的文化公园是村民休闲玩耍的好去处，园中绿树成荫，空气清新，环境幽雅。小道旁、花坛边，种有一棵棵桂花树，花开时节花香弥漫，沁人心脾。

里冈村香蕉种植基地（佛冈县史志办公室供图）

2021年，里水村委在实施乡村振兴战略过程中，因地制宜发展种植业，指导里冈村民成立专业合作社，通过土地流转，种植砂糖橘175吨。2023年，收获砂糖橘35万斤，产值70多万元。同时，引进香蕉种植，合作社以每亩每年1200元的租金，整合连片农田150亩，先后投资100万元，建立香蕉种植基地。合作社采取的是专业化经营模式，选用的是优良的香蕉品种，采用的是科学的种植管理方法。2022年，香蕉产量达425吨，产值100多万元，带动50多名村民就业，促进村集体经济增收超6万元，惠及村民600多人。

（供稿：钟少军；复核：曾道明）

清远美丽乡村

连山

美丽乡村

清远美丽乡村

连山壮族瑶族自治县吉田镇

佛子村

名片
- 广东省卫生村
- 清远市美丽乡村示范村
- 佛子古庙
- 浙溪里门楼

佛子村村貌（李凯 摄）

  佛子村，位于吉田镇东部，距镇政府4千米。村前有一座山形似"大佛"，建村地似"观音坐莲"，寓"佛子拜观音"，故取村名佛子村，曾用名浙溪里村。佛子村蜿蜒整洁的沥青路面，统一整齐的特色房屋外立面，漂亮干净的村容村貌，精心打造的凉亭、花园、墙画，伴以连片的稻田与一潭葱郁的荷花池，绘成一幅美丽清新的田园画卷。2014年，该村被清远市美丽乡村建设工作领导小组评为清远市美丽乡村示范村；2018年，被广东省爱国卫生运动委员会评为广东省卫生村。

  该村安装路灯100多盏，建成硬底化村道6000多米；修建有文化广场、紫薇花园和凉亭；创办民宿2间、农庄2家，建有"功德亭"、村史馆各1间。村民自发制定《佛子村村规民约》《佛子村卫生保洁制度》等，全村讲卫生、讲文明习惯蔚然成风。灯火在山间亮起之际，村民便自发到村广场翩翩起舞，休闲娱乐。

荷花池（李凯　摄）

村中留存虞氏宗祠、虞日贤祖屋、云逵鬻羽民居、浙溪里门楼、路辟云衢门楼等，保存较好。虞日贤祖屋，始建于清末，坐南向北，一座三开间，马头墙，面宽12.4米，进深8.8米，建筑面积为109平方米。祖屋头门饰瓦檐门罩；明间为上厅，次间为厢房；上厅饰隔扇，内设神龛。2011年11月，该祖屋被县政府列入不可移动文物名录。云逵鬻羽民居，始建于清末，坐北向南，一座三开间，马头墙，通面阔12米，

浙溪里门楼（李凯　摄）

青石街道（李凯　摄）

通进深8米，建筑面积96平方米。该民居头门饰瓦檐门罩，鳌鱼雀替；明间为上厅，前带小天井；次间为厢房，瓜柱承托梁架；上厅饰隔扇，内设神龛。2011年11月，该民居被县政府列入不可移动文物名录。浙溪里门楼和路辟云衢门楼，均为马头墙斗门式，2011年11月均被县政府列入不可移动文物名录。村中青石街道与钢筋水泥楼房相映并存。

位于村南侧的佛子古庙，始建于清同治十二年（1873），2004年重修，前庙后祠，占地面积250平方米，坐北向南，硬山顶，三进二天井布局，通面宽11米，通进深18.6米。1990年，该庙被县政府确定为县级文物保护单位。村民虞泽楚主编的《古庙重光》一书，记载了修复佛子古庙的盛事。

佛子古庙及村文体广场（李凯　摄）

清康熙年间，中州才子、连山县令李来章到南部考察，在佛子过夜，留下《早发佛子寨》诗篇，曰："十日山行惊暮鸦，宿眠多在野人家。过水瘴云侵葛幌，隔窗山鬼弄灯花。风餐不厌食粥涩，霜履还愁峻岭遮。佛寨晨征仍似昨，茫茫白露蔽朝霞。"数百年过去，当初的凄清早已旧貌换新颜，如今的佛子村桃红柳绿，一派生机勃勃的新农村景象。

（供稿：李凯；复核：聂惠丽）

欧家村

连山壮族瑶族自治县太保镇

名片

- 中国最美休闲乡村之特色民俗村
- 广东省特色民俗村
- 广东名村
- 广东省少数民族特色村寨

欧家村村貌（虞日胜 摄）

欧家村，位于太保镇北部，属沙坪行政村，距镇政府6千米。始建于明朝，因建村村民主要为从事瓦片、青砖烧制的欧姓人家，故而取名欧家村。欧家村地处大雾山脚下、群山环抱之中，是旧县城经大友山至连县驿道上的村落。村中街道干净整洁，灯光明亮，楼房林立，民宿、农家乐遍布其中。2015年，欧家村以"看得见山、望得见水、记得住乡愁"的显著特点被农业部推介为中国最美休闲乡村之特色民俗村（全国120个），也是广东省唯一一个特色民俗村；2016年6月，被中共广东省委农村工作办

从梯田仰望大雾山（李凯 摄）

公室、广东住房和城乡建设厅评为广东名村；2020年，被广东省民族宗教事务委员会命名为第一批广东省少数民族特色村寨。

该村村后的大雾山高接云天，冬日，雪后的晴天则峰白如玉、银装素裹，分外妖娆；春夏时节，则树木青翠、层峦叠嶂，一派南方美景。该山先后以"峨山晴雪""昆湖拥翠""雾山晴雪"于清朝、民国、新中国改革开放初期三次被评为"连山八景"之一。自古以来，文人墨客对大雾山题咏甚多，清监生李斡（干）国题诗《峨山晴雪》：峨山高望势崔巍，叠叠峰头白玉堆。积素光分千嶂合，凝华瑞灿万林开。暖融野岸遥舒柳，瘦尽岩阿蚤放梅。雾色敞临诸壑外，青青不改旧时苔。

欧家村的梯田呈M形，像两臂环绕在村周围，气势磅礴。春天幼苗新绿，夏天禾苗叠翠，秋天稻浪涌金，冬天水净如镜，是广东最壮观、规模最大、最原生态的梯田，2011年"雾山梯田"被评为新"连山八景"之一。欧家梯田被誉为"中国十大最美梯田"之一，获"广东十佳最美田园""休闲农业与乡村旅游示范点"称号，是清

欧家梯田美景（虞日胜 摄）

欧家村民宿、农家乐遍布村中（李凯 摄）

远市摄影家协会美丽乡村摄影创作基地、连山县摄影协会雾山梯田摄影创作基地。

欧家村通过引进企业，打造"休闲观光、愉悦摄影、体验农家生活"特色旅游品牌，吸引大量外出务工青年返乡创业，先后开办"铃兰花""梯云居"民宿、"喜客""千丈优谷"农家乐等50多家店。村民通过经营民宿、农家乐，销售自种自养无公害的"高山绿稻"有机稻、禾花鱼、冬菇、木耳、笋干等农产品，实现增收致富，使欧家村发展成为连山乡村旅游的领头羊、乡村振兴的典范。

"稻香招引八方客"。2015年4月25日，首届广东（连山）雾山梯田春耕节在该村举办；2021年4月17日、9月29日，欧家梯田春耕节、清远市庆祝2021年中国农民丰收

2021年，欧家梯田创建为国家AAA级旅游景区，图为春天开耕场景（虞日胜 摄）

2021年9月，清远市庆祝2021年中国农民丰收节活动开幕式在欧家村举办（韦婷 摄）

节活动开幕式先后在该村举办。品尝各类壮瑶美食，亲身参与捡田螺、爬梯田、推秧桶、抛秧苗等趣味劳动比赛让游客意犹未尽，傩舞、舞春牛等民俗表演，水牛犁田、篝火晚会、放荷花灯使人流连忘返。2021年，欧家梯田景区创建成为国家AAA级旅游景区。2022年10月，欧家村作为"壮风瑶韵百里画廊之旅"的重要站点，入选"稻花香里说丰年"全国乡村旅游精品线路。2023年9月23日，中国农民丰收节·广东连山稻香梯田暨龙狮文化系列活动在该村举办，其间接待游客2万人次，带动消费400万元。

2023年9月，"巨龙"在欧家梯田庆丰收（黄琳雁　摄）

（供稿：李凯；复核：聂惠丽）

连山壮族瑶族自治县太保镇

金鸡嘴村

名片
- 广东名村
- 广东省卫生村
- 广东省少数民族特色村寨

金鸡嘴村村貌（连山史志办公室供图）

  金鸡嘴村，位于太保镇北部，属黑山行政村，距镇政府9.5千米，地处大雾山西南面。因村后背有一座形如金鸡的山头，鸡头朝着东南方，尾巴向西北，栩栩如生，故而得名金鸡嘴村。2014年，该村被中共广东省委农村工作办公室、广东省农业厅、广东省住房和城乡建设厅评为广东名村；2017年，被广东省爱国卫生运动委员会评为广东省卫生村；2020年，被广东省民族宗教事务委命名为第一批广东省少数民族特色村寨。

  该村风光秀丽，民风淳朴，民族文化底蕴深厚，风俗习惯保存较为完好，文化特征及聚落特征明显。2013年，经国家民族事务委员会批准，金鸡嘴村被列入

金鸡嘴村文体广场（李凯 摄）

"十二五"时期全国少数民族特色村寨保护与发展名录，并被列为清远市少数民族特色村寨；2014年，被国家民族事务委员会备案纳入民族特色村寨建设计划，在首批千村名单中榜上有名。在该村投入少数民族发展资金近500万元用于村容村貌改造，建成文化室、民俗馆、文体广场、文化长廊（休闲凉亭），并完成特色民居改造，初步打造成"产业发展、治理有效、乡风文明、生态宜居"的社会主义新农村模板。

该村四周群山连绵，梯田环绕，是广东十佳最美农田——黑山梯田的重要组成部分。梯田曲线优美，犹如一幅美丽的原生态乡村油画。

2016年至2018年，连山雾山梯田稻香节主要活动地点均设在金鸡嘴村。其中，2018年9月28日，连山第四届雾山梯田稻香节吸引周边地区及珠三角近5000名游客前来游玩。节庆期间

金鸡嘴村梯田美景（邓先记 摄）

活动丰富，有穿越雾山梯田、稻香节专场文艺演出、乡村趣味运动会、游客村民大联欢、收割体验活动、畅游黑山、摄影活动、品尝特色餐饮、篝火晚会等多个项目。梯田稻浪层层，附近近百亩格桑花海随风荡漾，令游客流连忘返，留下美妙回忆。

该村西北面为长冈岭，是连山旧县城至湖南江华的必经路段，险峻崎岖，舆乘弗易，半山建有息景亭，数株古树围绕左右，在亭中可眺望莲塘、黑山等寨。清康熙年间，连山县令刘允元作《过长冈岭》：迢遥长冈石磴残，攀跻岭表见群峦。连山稻熟农家庆，横水波寒道路难。半日登临耽逸兴，三秋跋涉怅微官。萧条行李犹斜照，野岸丹枫漾碧滩。由此可见，连山当时已是稻谷产地，稻熟时金灿灿一片，农人笑脸相庆。

2016年9月29日，以"梯田秋色惹人醉，乡村田园游客欢"为主题的连山雾山梯田稻香节在金鸡嘴村举行开幕式（陈承奇 摄）

2017年9月，游客到金鸡嘴村梯田观光（虞日胜 摄）

（供稿：李凯；复核：聂惠丽）

2018年9月28日，连山第四届雾山梯田稻香节文艺演出盛景（虞日胜 摄）

连山壮族瑶族自治县禾洞镇

政岐村

名片

- 中国少数民族特色村寨
- 广东省卫生村
- 清远市美丽乡村示范村
- 连山首个生态示范村

政岐村村貌（周学飞 摄）

政岐村，位于禾洞镇南部，距镇政府4.5千米。南靠金子山、王候山，始建于明弘治年间。政岐村紧紧结合"湘江之源，桃林缤纷，竹中清酒，客家围屋"的地域特色，推进客家村寨发展，打造"客家文化特色村寨"，成为连山美丽乡村建设的典范村。2016年，政岐村被清远市美丽乡村建设工作领导小组评为清远市美丽乡村示范村，2017年，被广东省爱国卫生运动委员会评为广东省卫生村；2019年，被国家民族事务委员会评为第三批中国少数民族特色村寨、被清远市生态环境局评为连山首个生态示范村。

政岐村群山环抱，物产资源丰富，主要有有机稻、茶叶、清水鸭、篱竹、毛竹、杉树、松树等。其中的篱竹曾是连山著名的特产，民国十七年（1928）版《广东连山县志》第十五卷《艺文志》记载了连山直隶厅同知邓倬堂作的《小竹》，曰："……城北四十里（当时的县城在太保），其地名禾峒，天然生小竹，不假人力种，节目疏且细，中空一线缝，外泽而内坚，颇为有道重。……"

村前牌楼（虞日胜　摄）

"雪琼液"竹酒示范园（李凯　摄）

2018年6月，连山首届茶香节在政岐村举办（虞日胜　摄）

2015年起，该村以党支部为引领，发挥村级组织和村民的作用，推进美丽宜居乡村建设。先后完成湘江源头客家特色牌楼、特色村道、休闲观光环山路、乡村大舞台、文化广场、客家围屋、民族特色村寨外墙装修、红色纪念广场、农耕博物馆、旅游公厕等项目建设。依托自身的地理优势，利用竹林资源、湘江源头水，打造"雪琼液"竹酒品牌。同时，将村后山地进行整合，打造130亩鹰嘴桃种植基地，建设600平方米龟鳖孵化基地、10亩蓝莓种植园基地，致力发展壮大村集体经济。

政岐村有极具特色的客家围屋及民居、繁盛的桃花、青翠的竹林、香醇的竹酒，吸引着大批游客前来考察观光；因是全省负离子含量最高的村而被誉为"氧吧之地"，在此放眼望去皆是绿，清新空气沁人心脾。2018年6月，连山首届茶香节在该村举办。2023年3月，村中的围屋农庄被广东省林业局、广东省文化和旅游厅评为全省第一批南粤森林人家。

政岐村围屋农庄（李凯 摄）

（供稿：李凯；复核：聂惠丽）

连山壮族瑶族自治县永和镇

蒙洞村

名片

- 中国少数民族特色村寨
- 全国乡村治理示范村
- 国家AAA级旅游景区
- 广东省文化和旅游融合发展示范区
- 广东省休闲农业与乡村旅游示范点

蒙洞村村貌（李士州 摄）

蒙洞村，位于永和镇东部，距镇政府8千米。该村始建于明万历年间，由始迁祖蒙政从广西贺县迁入立寨，奉安定郡。因始迁祖夜里梦见住处梅花盛开，故取名梦洞、梅村，后改为蒙洞村，别名永吉村。蒙洞村以绿水青山勾勒乡村振兴美好画卷，2015年，该村被国家民族事务委员

梅村门楼（虞日胜 摄）

143

蒙洞村一角（虞日胜　摄）

会评为中国少数民族特色村寨；2017年，被广东省爱国卫生运动委员会评为广东省卫生村；2018年，被清远市生态环境局评为清远市生态示范村；2019年，被农业农村部评为全国乡村治理示范村、被广东省文化和旅游厅评为广东省文化和旅游特色村；2020年，被广东省农业农村厅、广东省文化旅游厅评为广东省休闲农业与乡村旅游示范点；2021年，被文化和旅游部评为国家AAA级旅游景区、被广东省文化和旅游厅评为广东省文化和旅游融合发展示范区；2022年，被广东省研学旅行协会评为第一批广东省乡村研学旅行特色村、被广东省社科联评为广东省社会科学普及基地等。

该村以特色民居改造、特色产业培育、特色文化传承为主要内容，开展新农村建设、民族团结示范村创建、少数民族特色村寨建设。建成占地面积3000平方米的文化广场1个、占地面积7700平方米的停车场1个、民族特色桥1座；建设村道及铺设下水

葵花盛开时，游客到葵园观光（蒙聪恕　摄）

2020年8月25日，广东（连山）"七月香"壮家戏水节在蒙洞村举办（虞日胜 摄）

道，装修民族特色村寨外墙60栋，并通过粉刷壮瑶八音、壮族歌舞等3D墙绘的方式展示蒙洞古村壮瑶文化，对梅村门楼等古建筑进行修葺；建成蒙洞游客接待中心、亲水平台，铺设绿道，设置有民族特色路灯和村标等；打造一条3.1千米的锦绣花廊，种植梅花一批，建成观赏桃花园，致力发展生态旅游业。

蒙洞村大街小巷干净整齐，房前屋后规划有序，停车位、绿化带错落有致，村内绿树成荫，处处洋溢着生机和活力。村中的向日葵观赏花田、红色文化旅游路线、蒙洞古村研学基地，及以壮瑶文化为主，涵盖农耕文化、人才培训、乡村旅游等内容的研学游，均辐射带动村民收入提高。

2023年8月5日，蒙洞村作为2023年广东（连山）"七月香"壮家戏水系列活动的分会场，举行"壮族婚礼"（蒙美芹 摄）

（供稿：李凯；复核：聂惠丽）

清远美丽乡村

连山壮族瑶族自治县永和镇

雷古村

名片

- 广东省卫生村
- 广东省少数民族特色村寨
- 清远市美丽乡村特色村

雷古村村貌（李土州 摄）

　　雷古村，位于永和镇西北部，属上草行政村，距镇政府10.5千米，始建于明正德七年（1512）。由于村口处有一巨石似锣，村内有一巨石似鼓，而取名锣鼓村，后因谐音改称雷鼓村，为书写方便改为雷古村。该村地处芙蓉山脚、大雷水河边，山环水绕，村道整洁，环境优美。2016年，雷古村被清远市委市政府评为清远市示范村；2017年，被广东省爱国卫生运动委员会评为广东省卫生村、被清远市精神文明建设委员会评为清远市文明村；2018年，被清远市美丽乡村建设工作领导小组评为清远市美丽乡村特色村；2019年，完成全村110栋民族特色外墙改造，2020年，被广东省民族宗教事务委员会评为第一批广东省少数民族特色村寨。

雷古村

雷古村一角（虞日胜　摄）

　　雷古村建有民族团结广场、文化室、特色街道、特色凉亭、篮球场，配置乒乓球桌、健身器材。其中，建成公园3座，公园中融入瑶族文化元素的德贤亭、雅轩阁、同心亭等，成为村民休闲娱乐活动的好去处。雷古村作为"三变"（资源变股权、资金变股金、农民变股民）改革试点村，大力发展绿色有机农业，成立雷古种养专业合作社，整合耕地近600亩，村民以土地入股形式种植有机水稻和南瓜等蔬菜。村民还种植油菜花，建成农家乐一批，发展乡村旅游，实现增收致富。

雷古村颇具民族特色的民居（虞日胜　摄）

游客观赏雷古村油菜花（虞日胜 摄）

该村注重优秀历史文化的传承与发展。村中保留有唐贵长晋阳郡1座、唐德瑜房厅屋1座、始建于清道光三十年（1850）的炮楼1座、始建于清康熙三十七年（1698）的门楼1座，门楼楹联书"芙峯钟毓人文起，雷水潆潮履步亨"。村中旧水井、石门墩、大门石条、清康熙年间的窗花等古遗印记随处可见。村中建有1间村史馆，内设农耕文化农具、家具展示厅等。编纂《雷古村简史》，激励村民守住物质与精神家园，续航梦想，书写新的传奇。

2020年9月，清远市史志工作者到村史馆参观（李凯 摄）

（供稿：李凯；复核：聂惠丽）

连山壮族瑶族自治县福堂镇

坡头村

名片

- 广东省卫生村
- 广东省少数民族特色村寨
- 广东省首届壮族"尝新节"举办地
- 清远市特色村
- 清远市卫生村

坡头村村貌（李凯 摄）

　　坡头村，位于福堂镇南部，属太平行政村，距镇政府4千米。因旧时此处有一条用石头砌成的水坝（俗称陂头），村寨建于坝渠之头而取名陂头村，后改为坡头村。该村坐落于太平洞山间谷地之中，周边是山岭，南面是连山库容最大的天鹅水库。村中街道干净整洁，民居深具民族特色，文化体育娱乐设施一应俱全。2015年与2017年，该村先后两次被清远市爱国卫生运动委员会评为清远市卫生村；2018年，被广东省爱国卫生运动委员会评为广东省卫生村；2019年，被清远市美丽乡村建设工作领导小组评为清远市特色村；2020年，被广东省民族宗教事务委员会评为第一批广东省少数民族特色村寨。

坡头村一角（李凯　摄）

坡头村建有党群活动中心（文化室）、篮球场、荷花观赏池、表演舞台、百香果长廊、村民健身广场，广场中配备各种娱乐设施等，还不断改造完善民族团结广场、特色街道、少数民族民居等。该村民族风情浓郁，民风淳朴。舞木猫狮、春白糍、福堂白切鸭制作技艺等市级非物质文化遗产得到有效传承发展。坡头村打造成为连山美丽乡村建设的样板，吸引众多的村寨前来学习取经，以及众多游客前来观光。

传统特色节日有尝新节，俗称"吃新节"，是农耕文化的缩影。"尝新节"于每年农历六月上旬新谷收

坡头村党群活动中心（李凯　摄）

风光绮丽的天鹅湖（陈承奇　摄）

2018年7月14日，广东省首届壮族"尝新节"在坡头村举办（虞日胜 摄）

割时择吉日举行，节前农村妇女们到田间割新谷，舂出喷香的白米。家家户户煮大甑新米饭且烹制丰盛菜肴，带着儿童来到田间祭拜，并邀请过往游客一起聚餐，共享美食。2018年7月14日，广东省首届壮族"尝新节"在坡头村举办。活动内容主要有龙舟祭祀仪式、赛龙舟表演、壮乡民（山）歌合唱、醒狮表演、壮族八音演奏、舞木猫狮表演、福堂非物质文化遗产项目展示等。

村南面的天鹅湖山水毓秀，自然风光绮丽，其"鹅湖秀色"于2011年被评定为连山新八景之一。有连山本土文人咏道："天水回首聚此坡，鹅群绿掌划青波。湖光山色相辉映，绘出两山新画卷。"

（供稿：李凯；复核：聂惠丽）

连山壮族瑶族自治县小三江镇

新庆村

名片

- 广东省卫生村
- 清远市卫生村
- 清远市整洁村
- 峡口文阁庙
- 峡口凉亭

新庆村村貌（李凯　摄）

　　新庆村，位于小三江镇北部，距镇政府3.8千米。因村前小山坡上有数株大松树，村寨依山傍树而建故取名傍松村，1965年改名新庆村。该村村后青山连绵，树木茂盛；村前稻田方正，丰收之际满眼金黄；村中房屋整齐，村容洁净。2015年，新庆村被清远市爱国卫生运动委员会评为清远市卫生村；2016年，被广东省爱国卫生运动委员会评为广东省卫生村；2017年，被清远市委市政府评为清远市整洁村；2018—2020年，被广东省卫生和计划生育委员会评为广东省健康促进示范村。

　　新庆村为典型的壮族村寨，现存壮族民居6座。这些民居一般以石头作墙基，大泥砖砌墙，人字形屋顶，上盖杉木皮或土瓦，主座三开间，明间为厅，次间为厢房，厢

峡口文阁庙（李凯　摄）

房两门归厅，主座前为两廊一天井，左侧为厨房，右侧为杂物房，每座占地面积100平方米。村中留存门楼和韦氏祖堂，均始建于清朝，2010年重建。村中还存有峡口文阁庙，位于村南约300米、国道G234线边上，始建朝代失考，1993年重建，供奉文曲星、观音等塑像，2021年再重建。

新庆村一角（小三江镇政府供图）

村道与健身步道环村而建（李凯　摄）

新庆村整合了农田100多亩，统一规划种植有机水稻和修建鱼塘养殖鱼虾。这不仅加快了村产业发展，还促进了村民增收致富。村中村道实现硬底化，还建有文化室、村民体育健身广场，修建了健身步道。其中，文化室设有游客服务中心、村史馆。

（供稿：李凯；复核：聂惠丽）

清远美丽乡村

连山壮族瑶族自治县小三江镇

拥希村

- 广东名村
- 广东省卫生村
- 清远市卫生村
- 清远市美丽乡村特色村
- 壮族特色村寨

拥希村村貌（彭庆霞 摄）

  拥希村，位于小三江镇东中部，距镇政府8.3千米。始建于明嘉靖年间，因祖堂悬着"雍熙景象"牌匾，故取名雍熙村，后书写为拥希村，曾用名寨夬村。该村民风淳朴、邻里和睦、产业兴旺，2014年，被中共广东省委农村工作室办公室、广东省农业厅、广东省住房和城乡建设厅评为广东名村，被清远市爱国卫生运动委员会评为清远市卫生村；2015年，被广东省爱国卫生运动委员会评为广东省卫生村；2023年，被清远市美丽乡村建设工作领导小组评为清远市美丽乡村特色村。

  拥希村是典型的壮族特色村寨，保留传统壮族民居11座。代表性民居有云鼎屋，始建于清朝，占地面积70平方米，横排式一座三间，用石头作地基，双层砖砌墙，外

拥希村传统民居与现代新居（李凯 摄）

为青砖，内为泥水砖，盖人字形屋顶，左右两边墙高于瓦顶，云鼎耳状。村中还留存有始建于清朝的宗祠、寨厅各1座。清康熙年间，连山县令李来章到该村周边考察民情，作《宿上石田》诗："千寻瘴岭蹑钩梯，掩映林梢日又西。险路阴森愁履虎，寒烟萧瑟忽闻鸡。遍招流户开荒土，为置书堂向碧溪。喜见人家成聚落，今宵村酒许提携。"

拥希村传统节日为农历四月初八的"牛王诞"，其间村民制作粽子，准备节日食品，邀请亲戚朋友欢聚，并以粽糍作手信（礼物）相赠。该村有锣鼓等历史文化遗产，大年除夕夜团年饭后，村民聚集在寨厅敲锣打鼓，辞旧岁，迎新年，祝福新年人安物阜、牛肥马壮、五谷丰登。

云鼎屋民居（李凯 摄）

村中一角（小三江镇政府供图）

拥希村有文化室、篮球场、体育广场、小公园、荷花池、河畔亲水平台等，实现了村巷排污、硬底化，设置了环村路路灯照明系统，村庄绿化美化、民居外墙特色改造等建设不断完善。该村优美的自然风光和浓郁的民俗、民风形成一道亮丽风景线，村民在依山傍水的环境中快乐生产生活，演奏出和谐欢庆的壮歌八音。

村中小公园（小三江镇政府供图）

（供稿：李凯；复核：聂惠丽）

连山壮族瑶族自治县上帅镇

东君村

名片

- 广东省卫生村
- 广东省第一批少数民族特色村寨
- 清远市美丽乡村特色村
- 连山四月八"牛王诞"节庆活动举办地

东君村村貌（普文平　摄）

　　东君村，位于上帅镇西部，属连官行政村，距镇政府2.5千米。该村坐落于村后山冈东君窝下，上帅水从村前流过。村落因东君窝而取名东君村。该村依山傍水，风景秀丽，环境优美，2000年，被清远市人民政府评定为解放战争游击根据地村庄；2017年，被广东省爱国卫生运动委员会被评为广东省卫生村；2019年，被清远

"牛王诞"节庆活动之民间艺术队巡游（陈承奇　摄）

东君村一角（李凯 摄）

市美丽乡村建设工作领导小组评为清远市美丽乡村特色村；2020年，被广东省民族宗教事务委员会评为广东省第一批少数民族特色村寨。

  东君村大力发展美丽乡村建设，建成文体广场、舞台、停车场、文化室（游客服务中心）、文化长廊、凉亭、亲水河畔，完成民居少数民族特色外墙改造等项目。村中街道干净整洁，公园鲜花盛开；村后树木葱茏，百鸟纵情争鸣；村前溪水潺潺，鹅鸭悠然戏水，绘出一幅美丽乡村画卷。

农历四月八日，村民在村河边洗牛（虞日胜 摄）

  东君村是典型的壮族村寨，具有浓郁的民族风情，村民热情好客。每年的农历四月八日村中都举办"牛王诞"节庆活动，活动内容主要有祭拜牛神、喂养耕牛、洗牛、民间艺术队巡游、民族歌舞表演等内容。同时村民备好豆腐酿、五色饭、黄茅粽、糍粑、鱼生（肉生）等特色美食招

2023年5月26日，连山四月八"牛王诞"暨首届露营音乐节在东君村举行（上帅镇政府供图）

待客人。宴席结束后，主人将糍粑作为手信赠送给客人。

春白糍、装古事、上帅鱼生制作技艺、"牛王诞"等省级、市级非物质文化遗产在东君村得到较好的传承和发展。自2013年开始，每年由连山民族研究学会和上帅镇政府联合举办的"牛王诞"节庆活动均在东君村举行。2023年5月26日，连山四月八"牛王诞"暨首届露营音乐节在东君村举行。通过这种现代露营音乐节与传统节日交织交融的方式庆祝传统民族节日，该村创新地传承和地弘扬传统文化。

（供稿：李凯；复核：聂惠丽）

连南

美丽乡村

连南瑶族自治县三江镇

新村

> 名片
> - 广东名村
> - 广东省宜居示范村
> - 广东省卫生村

新村村貌（六联村委供图）

　　新村，位于三江镇东北部，距镇政府约1千米。新村是六联行政村所辖自然村，始建于明洪武年间，东与连州市九陂镇双塘村相邻，南与高联村相邻，西与寨脚村一河之隔，北与连州市连州镇龙口新家村相接。2014年2月，新村被中共广东省委农村工作办公室、广东省农业厅、广东省住房和城乡建设厅评为广东名村；2014年3月，被广东省住房和城乡建设厅评为广东省宜居示范村庄；2017年9月，被广东省民族宗教事务委员会、广东省发展和改革委员会、广东省住房和城乡建设厅、广东省文化和旅游厅纳入"十三五"时期广东省少数民族特色村寨保护与发展项目目录；2024年5月2

新圣庙（六联村委供图）

日，被广东省爱国卫生运动委员会评为广东省卫生村。

新村村容整洁优美，人居环境舒适宜人。村道宽敞干净，道路两旁绿树成荫，文化室、广场、公园、篮球场、羽毛球场等文化休闲场所与设施齐全。位于村口的荷花池占地面积18亩，荷花盛开之际，花开浓艳，一朵朵荷花在微风里摇曳生姿，人文景观和自然景观融为一体，置身其中，犹如走进世外桃源，令人心旷神怡，吸引游客驻足欣赏。

村中原有一座历史悠久的新圣庙，由于历史原因，古庙现已拆除。为弘扬传统民间风俗，为人民群众提供怀古祭祀的活动场所，2001年经村民代表提议，并报县民宗局审批同意而重建新圣庙。

（供稿：李剑阁、肖志敏；复核：连南史志办公室）

村中荷花池（六联村委供图）

连南瑶族自治县三江镇

沿陂村

名片
- 广东少数民族特色村寨
- 清远市美丽乡村特色村

沿陂村村貌（东和村委供图）

　　沿陂村，属东和行政村，位于三江镇东南部，距镇政府约4千米，村域面积约8平方千米。始建于清末，北邻东塘寨，南邻三排镇大坪村和涡水镇沙田村。2021年，该村被广东省民族宗教事务委员会评为广东省少数民族特色村寨，被清远市美丽乡村建设工作领导小组评为清远市美丽乡村特色村。

　　"三江八景"之一"沿潭映月"位于该村。旧时，沿陂河有9个曲18个湾，河中有3处山岩浮露出水面，故又有"九曲三珠"之称。每到夜晚，群山寂静，潭水清澈，映月生辉。

　　沿陂村是乡村旅游好去处，村中建有稻鱼共生生态农业休闲基地，发展适度规模化、产业化的稻鱼共生农耕文化旅游产业，打造和培育集生态休闲、农业观光、品牌

连南利通吆嗨欢乐世界（东和村委供图）

营销等于一体的瑶山生态渔业旅游项目。

连南利通吆嗨欢乐世界位于沿陂村"三江源"河畔，是由广东利通建设集团有限公司投资建设与连南瑶族自治县融创文化传媒有限公司运营的大型户外儿童游乐园。

沿陂村稻鱼茶省级现代农业产业园（东和村委供图）

沿陂河（三江镇供图）

（供稿：莫家敏、甘明锋；复核：连南史志办公室）

清远美丽乡村

连南瑶族自治县寨岗镇

马屋村

名片

- 广东省卫生村
- 清远市美丽乡村特色村

马屋村村貌（王华 摄）

马屋村，位于寨岗镇北部，距镇政府约8千米，距县城约28千米，南与成头冲行政村邓屋村相邻，北与三排镇蜈蚣田村相接。马屋村民风淳朴，环境优美，2018年，被广东省爱国卫生运动委员会评为广东省卫生村；2023年3月，被清远市美丽乡村建设工作领导小组评为清远市美丽乡村特色村。

马屋村村容整洁美观，人居环境舒适宜人。文化室、广场、公园、篮球场等文化休闲场所与设施齐全。整个村面朝农田，背靠大山，夏享山风，秋睹麦浪，自然环境优越。村落房屋外观统一，白墙灰瓦凸显客家文化元素，颇具岭南现代村居风格。村道宽敞干净，长510米的彩虹路贯穿村内主干道，道路、水渠两旁绿树成荫，村庄绿化

马屋村村标（王华　摄）

马屋村彩虹步道（王华　摄）

马屋村健身场所（甘海萍　摄）

随处可见，形成了一幅"小桥流水人家"的美丽画卷。

马屋村注重推进"农旅"结合，依托乡村现有的、完善的基础设施以及优越的自然环境，以"农耕文化"为核心，展示乡村居民的"生产、生活、生态"场景，突出村庄的"绿"与"美"。村内大力发展小龙虾养殖业以及红蜜柚、猕猴桃，三华李种植业，并开设农家乐，提供"可玩可赏可品"一站式服务。

（供稿：陆敬甫、梁许学；复核：连南史志办公室）

清远美丽乡村

连南瑶族自治县寨岗镇

安居新村

名片

• 清远市美丽乡村特色村

安居新村村貌（王华 摄）

安居新村，位于安田村村委会旁，距镇政府约8千米。安居新村于2013年开工建设，2015年12月底竣工，占地面积54亩，拥有完善的基础设施和宜居的人居环境。2018年，该村清远市美丽乡村建设工作领导小组被评为清远市美丽乡村特色村。

安居新村村道宽敞整洁，一幢幢规划统一的民居错落有致。夜晚，璀璨的太阳能路灯把整个新村照得犹如白昼，供水、供电、通信等基础设施一应俱全。污水处理设施健全，村容村貌整洁卫生。村中建有文化广场、健身场地等公共活动场所，丰富了村民的业余生活。

安居新村

安居新村健身场地（徐玉霞 摄）

安居新村注重产业发展。村内建有县级兰花基地，培育了多深受花卉爱好者青睐的多个优质兰花品种；村内的5G蓝莓基地，以科技赋能推动产业发展。这些基础的创建，提高了农民收入，促进了乡村产业结构调整，为美丽乡村经济注入了新活力。

5G蓝莓基地（徐玉霞 摄）

县级兰花基地（徐玉霞 摄）

（供稿：陆敬甫、梁许学；复核：连南史志办公室）

清远美丽乡村

📍 连南瑶族自治县三排镇

庆丰村

名片

- 清远市美丽乡村生态村
- 油岭歌堂坪
- 国家级非遗——"耍歌堂"

庆丰村村貌（丘贵星 摄）

庆丰村，位于三排镇西南部，距镇政府约6千米，建于1972年，村民从油岭老排移民搬迁至此而形成。庆丰村村道整洁，环境优美，瑶族风情浓郁，民族文化浓厚，非遗文化众多。村民民风淳朴、热情好客、能歌善舞，庆丰村是名副其实的歌舞之乡。2021年，该村被清远市美丽乡村建设工作领导小组评为清远市美丽乡村生态村。

占地面积5000平方米的中国瑶族文化传承基地——油岭歌堂坪建在村口处。一年一度的国家级非遗瑶族"耍歌堂"在此举办。活动举办期间，穿着瑶族盛装的村民全程参与，欢快地跳着长鼓舞，唱着排瑶民歌。这个独具特色的瑶族文化传承基地，犹如一幅色彩斑斓的画卷，为庆丰村增添了无限的生机与活力。1997年，连南举办首届

"瑶族开唱节",吸引众多游客前来旅游观光。

耍歌堂是连南排瑶纪念先祖、庆祝丰收、酬谢还愿、传播知识和娱乐群众的民间盛会。主要环节有盘古王庙请公、游神、过九州、歌都单、"追杀黑面人"、高抬民族英雄法真等,场面宏大,热闹非凡。

歌堂坪盛事——瑶族"耍歌堂"(赖文锋 摄)

瑶族"耍歌堂"(谢庆华 摄)

瑶族长鼓舞(三排镇政府供图)

(供稿:梁烨、唐新良;复核:连南史志办公室)

连南瑶族自治县三排镇

山溪村

名片
- 广东省休闲农业和乡村旅游示范村
- 石漠公园
- 万山朝王

山溪村村貌（房翔龙 摄）

　　山溪村，坐落于省道S261线边上，辖坚埂村、沙龙河村、沙龙坪村、山溪村、王墩村5个自然村，其中山溪村是三排镇政府所在地。山溪村群山葱翠，风光秀美，拥有众多自然景观。2021年，该村被广东省农业农村厅、广东省文化和旅游厅评为广东省休闲农业和乡村旅游示范村。

　　山溪村有以传统瑶绣为外墙画风的300多栋民居，村中屋舍俨然，人居环境干净整洁，道路宽敞明亮。村内配备完善的电力、电信、自来水、卫生和排污等设施，公交站点、停车场、游客中心、医疗卫生院、文化站、体育场等城乡基本公共服务场所一

山溪村一角（盘琦　摄）

应俱全。

村内旅游资源丰富。山溪村在万山朝王国家石漠公园开发集中连片式旅游基地，且联动圆缘山、云海花谷、油岭瑶寨、南岗千年瑶寨等旅游景点，打响山溪品牌。

广东省首个国家石漠公园——万山朝王国家石漠公园，是广东省北部环形生态

石漠公园银杏林（盘鹍　摄）

屏障和北江上游重要水源涵养地。公园内千亩银杏树生长在喀斯特峰丛之间，错落有致。金秋九月，被寒意染成金黄色的银杏叶随风扬扬洒洒而下，宛如漫天飞舞的金色蝴蝶。

万山朝王（毛艳红　摄）

驻足万山朝王观景平台，可见一座座山峰背朝东北，面朝西南，山岭重叠，峰峦相接，形成群山朝拜之势，伫立于此，如君临帅台，点兵阅将。

（供稿：梁烨；复核：连南史志办公室）

连南瑶族自治县三排镇

墩龙瑶寨

名片

- 中国少数民族特色村寨
- 广东名村
- 广东省休闲农业与乡村旅游示范点
- 广东省乡村治理示范村

墩龙瑶寨村貌（连水村委会供图）

　　墩龙瑶寨，地处石灰岩地区，位于三排镇东南面，距镇政府7千米，是连水行政村下辖的一个自然村。墩龙瑶寨街道整洁，环境优美，60栋独具瑶族特色的民居连成一片，成为瑶山一道靓丽的风景线。2014年2月，墩龙瑶寨被中共广东省委农村工作办公室、广东省农业厅、广东省住房和城乡建设厅评为广东名村；2014年9月，被国家民族事务委员会评为中国少数民族特色村寨；2015年6月，被广东省爱国卫生运动委员会评为广东省卫生村；2016年7月，被广东省农业厅、广东省文化和旅游

墩龙文化广场演出（连水村委会供图）

厅评为广东省休闲农业与乡村旅游示范点；2020年12月，被中共广东省委农村工作办公室、广东省农业农村厅、中共广东省委组织部、中共广东省委宣传部、广东省民政厅、广东省司法厅评为广东省乡村治理示范村。其中，2015年8月，连南瑶族自治县墩龙农菜馆被文化和旅游部评为中国乡村旅游金牌农家乐。

墩龙瑶寨桑叶美食节（连水村委会供图）

墩龙瑶寨村道宽敞干净，道路两旁绿树成荫。村中文化室、广场、公园、篮球场等文化休闲场所与设施齐全。连水民间歌舞队在墩龙文化广场开展形式多样、内容丰富的文艺演出，如"长鼓舞""花鼓舞"等，这些民族特色歌舞极大地丰富了群众的业余文化生活。

墩龙瑶寨水果基地桃花（连水村委会供图）

墩龙瑶寨水果基地鹰嘴桃（连水村委会供图）

墩龙瑶寨以农文旅融合激活特色乡村游。在墩龙瑶寨举办的尝新节·桑叶美食节期间，游客们可以在瑶族传统长桌宴上品尝桑叶美食，同时欣赏"瑶家乐·瑶桑情"篝火晚会。墩龙瑶寨建有水果基地，基地三月桃花始盛开，九月金秋结硕果，每年都吸引大量游客前来观光。

（供稿：梁烨、盘秋玉；复核：连南史志办公室）

连南瑶族自治县大麦山镇

白浪村

名片

- 九寨梯田
- "耍歌堂"

白浪村村貌（新寨村委供图）

　　白浪村，位于大麦山镇西北部，距镇政府约3千米，始建于民国初期。白浪村四面环山，地势高耸。村中水田就水依山而修，盘岭而上，层层叠叠，形成独具特色的"九寨梯田"景观。白浪村致力打造具有特色瑶族文化景观的乡村建筑，注重传统文化的传承与创新，以文化建设助力乡村振兴。

　　村中的九寨梯田生态农业观光园区，依托本地优势资源和瑶族风情，以春秋两季进行划分。春季的梯田，云蒸霞蔚，一块块稻田中一畦畦秧苗长得青翠欲滴，田野里一片碧绿，一望无际；到了秋天，秋风吹过，稻浪翻滚，此起彼伏，漾起层层金色的"波浪"。在冬季农闲时，村民在梯田里撒下油菜花的种子，到来年3、4月间，一大片

九寨梯田油菜花风景图(黄慧诚　摄)

一大片的油菜花盛开,随风散发出迷人的芳香,此时的山边、田野上到处花影浮动,一朵朵油菜花仿佛对镜梳妆的黄裙少女,又像是舞袖弄姿的瑶池仙女。遍地的黄花透出的是对春的向往,描绘的是春的浪漫,吸引着一拨拨的外地游客和本地的摄影爱好者及写生爱好者蜂拥而至,美的景象不仅为他们提供了"饕餮大餐",还使他们流连忘返。

九寨梯田稻谷成熟风景图(谢应雄　摄)

白浪村盘姓家族开展"耍歌堂"活动（新寨村委供图）

2023年连南瑶族自治县举行"七月七开唱节"——浪漫七夕相约九寨活动（大麦山镇政府供图）

  白浪村盘姓家族的"耍歌堂"活动是一项富有瑶族特色的传统节日活动，每18至30年举行一次。"耍歌堂"活动历史悠久，是白浪村盘姓家族传统文化的重要组成部分。在"耍歌堂"之日，现场铳炮轰鸣，牛角长啸，鼓乐喧天，歌声起伏，热闹非凡，瑶族男女老少都会穿上五彩缤纷的节日盛装，倾寨而出，尽情娱乐。

农历七月七"开唱节"万人渔乐活动（大麦山镇政府供图）

  村中每年农历七月七为"开唱节"，节日主会场表演《瑶族长鼓舞》《八排瑶》《过山瑶小花鼓》《唱响瑶族舞曲》《斗鸡舞》等原生态瑶族歌舞，分会场上，竹排欢歌、撑排比赛、捉鸭子、抓泥鳅、全民抓鱼等各具特色的活动接连上演，活动现场热闹非凡，村民与游客们在欢歌笑语和游戏互动中，尽享瑶族文化风情盛宴。

（供稿：盘清云、何晶晶；复核：连南史志办公室）

清远美丽乡村

连南瑶族自治县大麦山镇

白芒村

名片

- 清远市美丽乡村特色村
- 清远市少数民族特色村寨
- 千年古榕

白芒村村貌（大麦山镇政府供图）

白芒村，距大麦山镇政府约5千米，距县城约47千米，省道S261线穿村而过。始建于明末清初，村民从涡水、军寮等地搬迁至此而形成村落。2024年2月，白芒村被清远市美丽乡村建设工作领导小组评为清远市美丽乡村特色村。

白芒村民风淳朴，村容整洁，青山环抱，良田连片，阡陌迂回，竹木苍翠，间以农舍瓜棚、鱼塘果树，风光秀丽，空气清新。村中文化室、广场、公园、篮球

白芒村党群服务中心（大麦山镇政府供图）

千年古榕（大麦山镇政府供图）

场、羽毛球场等文化休闲场所与设施齐全。

村中还拥有千年古榕、龙塘古泉、双龙泉等众多旅游景点资源。其中，千年古榕在2014年被评为"连南十佳摄影点"，吸引了不少摄影爱好者来此拍摄。千年古榕位于瑶寨旁，粗约36米、高15.5米、宽43米，盘根错节，枝繁叶茂，巨状如伞，极为壮观。在古树附近，一股清泉从岩底涌出，水质晶莹雅洁，流水长年不断。古树四周，大小鱼塘星罗棋布，塘中鱼儿味道清甜鲜美，游人在此可享垂钓之乐。距古榕约500米处，有一个天然溶洞，俗称"大岩洞"，洞纵深80米，可容上千人。洞口瀑布成帘，倾泻而下；洞内溪流潺潺，清风习习。洞中有许多具有瑶族神话传说寓意的石柱、石笋、石花、石幔，形状千奇百怪，宛如神话世界，充满神秘色彩，蔚为奇观。

（供稿：房雪英、何晶晶；复核：连南史志办公室）

白芒村天然溶洞一角（大麦山镇人民政府供图）

白芒村天然溶洞一角（大麦山镇人民政府供图）

连南瑶族自治县大坪镇

中平村

名片

• 首批广东省少数民族特色村寨

中平村村貌（大坪镇政府供图）

  中平村，位于大坪镇东南部，距连南县城20千米，附近有里八洞古村落、天堂山国家湿地公园、东日坑梯田等景区。该村保留独具瑶族特色的建筑，村中环境优美，道路、河道、公共场所、房前屋后干净整洁。2020年12月，该村被广东省民族宗教事务委员会评为首批广东省少数民族特色村寨。

  中平村建设有游客观光游廊、农耕文化长廊、农产品展示厅，绘制民族特色墙

村入口（大坪镇政府供图）

绘，这些均彰显民族特色。村中硬底化的村内道路，形成原生态的环村道路系统。中平村拥有完善的排水布局和污水处理系统，村中环境卫生整洁。村中公共活动区域、村主要道路、中心自然村落及村庄入口均安装了具有民族特色的路灯。中平村拥有完善的卫生、体育、商业等服务设施和网点，充分满足村民及游客的需求。

中平村定期举行瑶族"耍歌堂"、稻田鱼丰收节等传统文化活动。在村文化室内定期展览瑶族刺绣、瑶族风情图片、瑶族服饰、瑶家特产等，让来此的游客可以

外国友人到中平村稻鱼基地参与田间渔乐（大坪镇政府供图）

"耍歌堂"活动现场(大坪镇政府供图)

了解排瑶的历史文化和生活习俗。

　　以中平村为生产基地的大坪鱼乡稻田生态养鱼专业合作社,拓展稻米品尝、稻田鱼捕获、蔬果采摘等休闲产业,发展集品尝区(农家乐)、体验区、展示区、服务区、瑶家民宿区于一体的文化旅游农业综合休闲园,带动农民增收致富。合作社组织开展一年一度的稻田鱼文化节。

(供稿:房八金;复核:连南史志办公室)

中站移民新村

连南瑶族自治县大坪镇

名片

- 广东省少数民族特色村寨
- 广东省宜居示范村庄
- 广东名村
- 广东省卫生村

中站移民新村村貌（大坪镇政府供图）

中站移民新村，位于大坪镇西南部，距县城26千米，与连山壮族瑶族自治县相邻。该村2010年由时任中央政治局委员、广东省委书记的汪洋到大古坳老寨三百步湾视察时号召搬迁修建而成。中站移民新村建有22幢独具瑶族建筑风格特色的房屋。2014年2月，中站移民新村被中共广东省委农村工作办公室、广东省农业厅、广东省住房和城乡建设厅评为广东名村；2014年3月，被广东省住房和城乡建设厅评为广东省宜

中站移民新村主干道（大坪镇政府供图）

居示范村庄；2017年9月，被广东省民族宗教委、广东省发展和改革委、广东省住房和城乡建设厅、广东省文化和旅游厅纳入"十三五"时期广东省少数民族特色村寨保护与发展项目目录；2024年5月，被广东省爱国卫生运动委员会评为2023年广东省卫生村。

中站移民新村房屋修建融合人字瓦顶、翘檐、彩装饰等瑶族建筑元素，充分体现瑶族建筑风格。新村通过完善村民理事会，制定村规民约，积极推进新村自治管理。

该村民族文化深厚，瑶族风情浓郁，村中"耍歌堂"民俗节日和稻田鱼养殖较出

中站移民新村内景（大坪镇政府供图）

"耍歌堂"现场（大坪镇政府供图）

名。村中产业经济以稻田鱼养殖，有机稻、高山茶叶种植为主。移民新村每六十年举办一次"耍歌堂"节日活动——过九州，该活动是祭祀先祖、传承历史文化、庆祝丰收的盛会。

稻田鱼以本地鲤鱼为主要品种，兼养鲫鱼，以高山流动泉水进行水稻灌溉和稻田鱼养殖。鱼与稻谷相互依存，稻田里不施用任何化学合成的农药和肥料，鱼和水稻都是纯正的有机无公害健康绿色食品。

放养稻田鱼苗（大坪镇政府供图）

（供稿：房八金；复核：连南史志办公室）

清远美丽乡村

连南瑶族自治县大坪镇

大古坳老排村

名片

- 广东十佳最美农田
- 广东省卫生村
- 鱼米瑶乡
- 云上田园

大古坳老排村村貌（大坪镇政府供图）

  大古坳老排村，距镇政府12千米，群山环绕，燕岭叠翠，滦水奔流，村中瑶民世代都在这里繁衍生息。大古坳老排村的三百步湾一年四季景色宜人，其中2200亩的瑶排梯田层叠有致，蔚为壮观。2018年10月，三百步湾云上梯田被广东省农业农村厅评选为广东十佳最美农田；2024年5月，大古坳老排村被广东省爱国卫生运动委员会评为广东省卫生村。

  大古坳老排村深挖山区产业特色和乡村旅游优势，融合古排文化、梯田风光、乡村民宿、稻田养鱼和高山茶园等瑶族乡村农耕文化元素，推动"稻鱼茶"现代农业产业园建设，大力推进落实乡村振兴战略。

改造后的大古坳老排村瑶居（大坪镇政府供图）

金色家园（李春艳　摄）

以大古坳老排村为主体的"大古坳云上田园"综合体项目，依托丰富的自然资源、优良的生态环境，以生态田园与瑶族文化为特色，将国家湿地公园、国家级古村落和天堂山景区有机连接，连线成片，打造四季云上田园观光、实景演出、农耕文化体验、八排主题民宿住宿等新示范区。

大古坳老排村是连南瑶族自治县水稻鱼种养优势区域和有机茶产业核心产区。该村地理位置优越，风景优美，结合梯田风光、稻鱼共生等特色生态美景，大力发展民族文化生态旅游，打造"云上梯田·鱼米瑶乡"乡村旅游项目。

大古坳茶园占地面积近1000亩，采用山泉水灌溉，产出的茶叶色泽绿润，质量上乘，泡出的茶香味清新，滋味浓郁。"大古坳牌"瑶都云雾红茶在2013年广东省

大古坳梯田（大坪镇政府供图）

茶园风光（大坪镇政府供图）

村民采摘茶叶（大坪镇政府供图）

第十届名优茶叶品质竞赛中荣获金奖，绿茶荣获银奖。

大古坳三百步湾梯田是连南十大最佳摄影点之一。2016年，连南瑶族自治县以"特色立县·生态崛起"为主题举办了广东·连南"芒种"瑶排梯田文化节，吸引了众多游客前来，游客在活动中更深刻地体验和了解当地风俗民情。

绿美大古坳（谢应雄 摄）

梯田航拍图（大坪镇政府供图）

（供稿：房八金；复核：连南史志办公室）

📍 连南瑶族自治县香坪镇

大坪村

名片

- 清远市美丽乡村特色村
- 大坪绿美古树公园

大坪村村貌（香坪镇政府供图）

  大坪村，位于香坪镇东南部，距镇政府约50千米，始建于清嘉庆初期。大坪村历史文化底蕴浓厚，自然资源丰富，村中24栋独具瑶族特色的民居连成一片，成为瑶山一道靓丽的风景线。2023年，该村通过清远市美丽乡村建设工作领导小组验收，被评定为清远市美丽乡村特色村。

  大坪村依山傍水，天然景观众多，有清澈溪流、参天古树、肥沃土壤等。大坪村围绕生态文明建设和村庄绿化美化建设，通过古树保护工程、森林生态体系建设、乡村生态旅游建设，着力打造森林资源优质、村居社会和谐、乡村旅游文化出众的绿美

清澈溪流（香坪镇政府提供）

大坪绿美古树公园（香坪镇政府供图）

古树乡村，助力实现"村庄美""生态美""生活美"的生态愿景。

　　大坪村周边有一个古树群，由63株油杉、钩锥、枫香等树种组成。大坪村结合以古树名木群为代表的绿色生态节点，建成盘石大坪绿美古树公园。公园以古树为特色，通过保护和修复古树资源，培养和提高游客的文化素养和生态环保意识。同时，公园还会举办休闲娱乐活动，以满足村民的多样化需求。

晚霞中的大坪村（陈百侨　摄）

（供稿：房春松；复核：连南史志办公室）

连南瑶族自治县香坪镇

石古洞村

名片

· 清远市美丽乡村特色村

石古洞村村貌（香坪镇政府供图）

　　石古洞村，位于香坪镇东北部，是镇政府所在地，始建于清康熙年间。1984年石古洞村村民从老寨移民到此居住建村。石古洞村主要民俗有三月三开耕节、十月十六盘王节、"耍歌堂"、特色婚俗与生育礼俗等。2021年6月，石古洞村被清远市美丽乡村建设工作领导小组评为清远美丽乡村特色村。

　　石古洞村村容村貌整洁美观，村民热情好客。香坪镇以石古洞村为美丽圩镇建设示范点，大力推进村中基础设施建设，建成"一个美丽乡镇入口""一片房屋外立面提升样板""一条美丽河道"和"一条美丽示范主街"，村中文化室、小广场、篮球场等文化休闲场所齐全。

村道和河道（香坪镇政府供图）

村内的文体广场和小舞台，是人们举行文娱活动的场所，镇春节联欢晚会、重阳节活动、拔河比赛和篮球赛等都在这里举办。这些活动的举行不仅进一步促进村民的素质教育，营造乡镇文化氛围，更能让游客了解排瑶的历史文化和生活习俗。

村中房屋（香坪镇政府供图）

镇春节联欢晚会在石古洞村举办（香坪镇政府供图）

石古洞村篮球赛（香坪镇政府供图）

（供稿：房春松；复核：连南史志办公室）

◎ 连南瑶族自治县涡水镇

小横龙村

名片
- 中国少数民族特色村寨
- 广东省卫生村

小横龙村村貌（大竹湾村委供图）

小横龙村，位于涡水镇北部，距连南县城8千米，为纯瑶族村寨。1970年由大竹湾老排移民搬至此地而形成村落。2016年，该村被广东省爱国卫生运动委员会评为广东省卫生村；2017年，被国家民族事务委员会评为中国少数民族特色村寨。

小横龙村村容整洁漂亮，人居环境舒适宜人。一幢幢具有浅黄色外墙及瑶族特色花纹的现代村居鳞次栉比，井然有序，

房屋外立面图（大竹湾村委供图）

村道宽敞干净，文体广场等文化休闲场所与设施齐全。

村口岗楼是小横龙村的标志性建筑，上面记载着该村在2017年荣获"中国少数民族特色村寨"称号的荣誉历史。村里修有休闲长廊，方便村民出行时在此候车或者外出劳作归来时在此休息，也方便游客在此观景拍照。

村口岗楼（大竹湾村委供图）

休闲长廊（大竹湾村委供图）

村中心主街道两侧种植了藤蔓瓜果，形成"瓜果"长廊，每户房前屋后种有果木，边角处四季植有花草，围墙边生长着常绿爬藤植物，使得村庄民居周围绿树成荫、果实累累、花草飘香，整个村青山绿水、干净整洁。此外，挂着彩灯的长廊在晚上也是一道风景，不少村民还会特意穿上民族服装到此，在绚丽的灯光下，欢快

文体广场（大竹湾村委供图）

地跳着具有瑶族特色的舞蹈。

村内的文体广场和特色凉亭八角亭，是人们举行文娱活动的场所。重阳节、春节等节日活动都在这里举办，村中还会定期展览瑶族农具、瑶族风情图片等，让游客了解排瑶历史文化和生活习俗。

村内发展有机稻种植、稻田鱼养殖、蚕桑种植、冬菇种植和走地鸡养殖等一批种养殖业，并建立健

八角亭（大竹湾村委供图）

全农民专业合作经济组织。此外，村中依托万亩竹海，推进特色笋干等干货农产品加工和竹制品加工，促进村民增收。

小横龙村利用横龙水库及涡水河畔风光，开设有瑶族特色的民宿旅游服务项目。村附近的月亮湾风景优美，沿岸设有月亮湾农庄，成为人们新的旅游休闲去处。

横龙水库之月亮湾（大竹湾村委供图）

（供稿：唐玲妹、沈济夫；复核：连南史志办公室）

连南瑶族自治县涡水镇

沙田村

> **名片**
> • 广东省少数民族特色村寨
> • 广东省卫生村
> • 清远市文明村
> • 清远市卫生村

沙田村村貌（大竹湾村委供图）

  沙田村，曾用名磨老坑，别名白面坝，位于涡水镇北部，距连南县城3千米。村民于民国时期从军寮、香坪、望佳岭等地迁至此地居住，逐渐形成村落。2016年11月，沙田村被清远市爱国卫生运动委员会评为清远市卫生村；2017年12月，被广东省爱国卫生运动委员会评为广东省卫生村、被清远市精神文明建设委员会评为清远市文明村；2020年11月，被广东省民族宗教事务委员会评为广东省少数民族特色村寨。

  沙田村村容整洁漂亮，人居环境舒适宜人。村道宽敞干净，太阳能路灯照亮村内每条干道，打造成为原生态的环村道路系统。文化室、健身文化小广场等文化休闲场所与设施齐全。

进入沙田村,映入眼帘的是一座具有民族特色的沙田桥,村口处是醒目的特色村标,生态停车场、特色文化广场舞台、民族特色墙绘、党建主题公园等一应俱全,彰显民族特色。村内规划完善的排水布局,解决了生活污水乱排放带来的环境污染问题。

民族特色建筑外立面(大竹湾村委供图)

村庄周围种植桑树及杉树,每户房前屋后种有绿化植物,房屋边角四季种植花草,实现村庄民居周围绿树成荫、花草飘香,整个村青山绿水、干净整洁。沿河建设了一条特色宣传文化长廊和一面布局合理的文化墙,展示村的建设规划、建设成就、村规民约和村寨新旧面貌对比情况。

文化广场舞台(大竹湾村委供图)

宣传文化长廊(大竹湾村委供图)

(供稿:唐玲妹、沈济夫;复核:连南史志办公室)

清远美丽乡村

阳山

美丽乡村

清远美丽乡村

阳山县杜步镇

东江村

名片

- 广东省新农村创建社会主义新农村主体村
- 清远市文明村

东江村村貌（许明辉　摄）

　　东江村，曾名东冈村，位于阳山县杜步镇南部，距镇政府2千米，始建于明永乐年间。东江村石山林木高耸，碧绿清澈的河水蜿蜒流淌，5000多平方米的清水塘清澈见底，倒映出美丽的东江村貌，整个村蓝天白云、青山绿水、群山环绕，绘成一幅人与自然和谐共生的美好画卷。2015年，东江村被广东省委农办列为广东省新农村创建社会主义新农村主体村；2017年，被清远市精神文明建设委员会评为清远市文明村。

　　东江村依山而建，环境优美，建筑古色古香，一幢幢简朴典雅的旧民居整齐划一地排列，民居群正中间是明朝时修建的古门楼，门楣上刻有"陶正遗风"四个大字，一眼望去，气派非凡。村中有休闲公园、篮球场、文化室、玄武寨观景台等文化休闲场所。

东江村

东江村大门楼（李学森 摄）

镂空四户民居（李学森 摄）

陈氏宗祠（李学森 摄）

东江村代表性传统民居为镂空四户民居，始建于清朝，每座占地面积100多平方米，均为镬耳楼，上下厅对向，中间有一天井，墙体为清水砖，硬山顶，灰瓦覆顶。村中有一口古井，始建于明朝，井口直径1米，由石块砌成，井身孔径1.5米，井深约10米，井水长年不竭，大雨过后水质仍清澈可饮。

村中有两座宗祠，分别是子胜陈公祠和陈氏宗祠，均始建于明朝，青砖墙、船形脊，镬耳形硬山顶。子胜陈公祠内悬挂"太邱堂"牌匾，天井正面悬挂"文韬武略"牌匾。"子胜陈公祠"五个大字为陈可钰将军亲笔所题。

（供稿：向雪欣；复核：黄静谊）

阳山县杜步镇

元江村

名片

- 广东名村
- 广东省卫生村
- 广东省休闲农业与乡村旅游示范点
- 龙潭
- 龙门桥

元江村村貌（许明辉 摄）

　　元江村，曾叫圆江村，位于杜步镇南部，距镇政府3千米，始建于明正统年间。元江村依山傍水，淙淙流淌的龙泉水环绕着村庄，村中遍布郁郁葱葱的树木，环境优美，2014年被中共广东省委农村工作办公室、广东省农业厅、广东省住房和城乡建设厅确定为广东名村；2015年，被广东省爱国卫生运动委员会评为广东省卫生村；2016年，被广东省农业农村厅、广东省文化和旅游厅认定为第三批广东省休闲农业与乡村

元江村池塘（李学森 摄）

旅游示范点。

　　元江村民居错落有致，民居大多为坡屋顶、青灰瓦、白壁墙、玻璃窗，内含绿色庭院，民居周围巷道清洁，翠竹耸立。村中龙潭波光粼粼，清澈见底，美丽的田园风光令人流连忘返。

　　元江村历史悠久，人才辈出，是广东有名的举人村，明清时期出过不少进士、举人、秀才。该村古建筑随处可见。其中，拱形古门楼始建于明朝，重修于2016年，门

元江村龙潭（李学森 摄）

元江村一角（李学森 摄）

山楂花开（阳山县史志办公室供图）

楼上面刻有"陶正遗风"四个大字；子远陈公祠，始建于明正统八年（1443），硬山顶，船形屋脊，气派不凡；龙门桥，始建于明朝，石砌桥墩，三条花岗岩石条横架南北，稳稳地静卧在池塘上。

　　元江村紧跟时代脉搏，发展成为集历史人文、现代农业、休闲旅游、田园观光于一体的乡村旅游胜地。村内的大果山楂园占地面积80万平方米，每到秋收时节，果香四溢，吸引着许多游客前来游玩摘果，感受田园乐趣。

（供稿：向雪欣；复核：黄静谊）

◎ 阳山县七拱镇

石角村

名片

- 广东省乡村治理示范村
- 清远市美丽乡村特色村
- 特色丝苗米
- 孙中山七卫士故居

石角村村貌（七拱镇政府供图）

　　石角村，是阳山县七拱镇下辖的行政村，位于七拱镇西北部，距圩镇约3千米，距县城20多千米。村中县道贯穿全村，交通便利。2021年9月，该村被广东省农业农村厅评为广东省"一村一品、一镇一业"专业村（丝苗米）；2021年12月，被中共广东省委农村工作办公室、中共广东省委组织部、中共广东省委宣传部、中共广东省委政法委员会、广东省农业农村厅、广东省民族宗教事务委员会、广东省民政厅、广东省司法厅评为广东省乡村治理示范村；2024年6月28日，被中共清远市委评为清远市先进基层党组织。

　　石角村以规模化种植业、养殖业等第一产业发展为主，培育生产丝苗米、枸杞叶等特色农产品。因石角村得天独厚的地理自然环境，种植出了米质洁白、透明、细长，饭味浓香、可口软滑的丝苗米，丝苗米种植生产成为石角村的主导产业，辖区内有潮佳等多个丝苗米种植主体。2021年，石角村凭借出产的丝苗米获得第二批省级"一村一品、一镇一业"专业村称号。

石角村丝苗米（七拱镇政府供图）

石角村的孙中山七卫士故居，始建于清嘉庆、道光年间，由四大镬耳屋组合而成，全为镬耳形的封火墙，总建筑面积4506.5平方米，总占地面积7821.5平方米。其布局严谨，装饰精美，保留了客家围屋注重自卫的特点，又兼容了广府镬耳楼的高贵气派，成为融合广府文化与客家文化的特色建筑。

村中的四方楼碉堡坐西北向东南，呈正方形，边长45米，占地面积两千多平方千米，墙高8.3米，厚1.5米，底部用灰沙制成，顶部用青砖砌成，四周均设有枪眼。独特且深厚的历史人文资源为石角村发展农文旅产业奠定了坚实的基础。

石角村全村建成美丽乡村示范村16个、特色村5个，建有文化广场，铺设1200米

孙中山七卫士故居（七拱镇政府供图）

四方楼碉堡（七拱镇政府供图）

的人行绿道，人行绿道两旁有商店、特色农庄、民宿等。在美丽乡村建设的基础上，通过独有的地理条件，以党建为主题，石角村建设了村级湿地公园，打造集党建、乡村风貌、农旅观光、文化体验等于一体的示范带，全力展现乡村振兴新风貌。

石角村以"百县千镇万村高质量发展工程"和绿美广东生态建设为契机，向乡贤、企业等社会各界筹集资金2万余元，并组织党员干部入户宣传，在房前屋后、村中各处种植绿化树木1000余棵，共同打造生态宜居的美丽村居。

石角村多次协办文化惠民演出活动，如"清远市文化惠民送戏下乡""大学生乡村振兴'三下乡'""我的中国梦——文化进万家"活动，根据不同民间节日的特点，把形式多样的文艺作品送给百姓，丰富广大群众的精神文化生活。

石角村党建公园（七拱镇政府供图）

（供稿：孟祥旭；复核：七拱镇人民政府）

> 阳山县杨梅镇

何皮村

名片

- 全国乡村治理示范村
- 全国文明村镇
- 广东省"一村一品、一镇一业"专业村
- 广东省卫生村
- 广东"百千万工程"首批典型村

何皮村村貌（许明辉　摄）

　　何皮村，位于杨梅镇南部，距镇政府7千米，始建于清朝。何皮村周边青山环绕，绿树成荫，犹如大自然雕琢的一颗明珠，在山间田野中熠熠生辉。2017年，何皮村山口村小组被广东省爱国卫生运动委员会授予第一批"广东省卫生村"称号。2019年，何皮村被中央农村工作领导小组办公室、农业农村部、中央宣传部、民政部和司法部评为全国乡村治理示范村；2022年，被中央精神文明建设指导委员会评为全国文明村镇、被广东省农业农村厅评为广东省"一村一品、一镇一业"专业村（砂糖橘）；2023年11月，被广东省"百千万工程"指挥部办公室评为广东"百千万工程"首批典

何皮村

何皮村篮球场（杨梅镇政府供图）

型村。

何皮村村道干净整洁，小公园、篮球场、停车场等民生设施应有尽有，党史展览馆、乡村振兴微型博物馆、综合文化服务中心等文化功能场所一应俱全。村中连片种植2500亩黄金奈李、早脆梨等特色水果，果实饱满圆润、口味甘甜。每年2月，千亩李花漫山遍野竞相绽放。一到丰收时节，棵棵果树挂着硕大的李子、梨子、砂糖橘，果香满园。秋冬时节，300多株红花枫由绿变红，明艳张扬。春可赏花，夏可摘果，秋冬赏枫，吸引了众多游客来此游玩。

何皮村小公园（杨梅镇政府供图）

何皮村黄金奈李（杨梅镇政府供图）

（供稿：向雪欣；复核：黄静谊）

清远美丽乡村

阳山县大崀镇

松林村

名片

- 中国美丽休闲乡村
- 全国乡村治理示范村
- 全国综合减灾示范村
- 全国村级议事协商创新实验试点单位
- 广东省民主法治示范村
- 广东省乡村旅游精品线路之一
- 广东省卫生村

松林村村貌（陈志伟 摄）

  松林村，位于大崀镇北部，距离县城12千米，辖6个自然村、14个村小组。松林村风景秀丽、干净整洁，村中洁白的月亮湾景标、运转不停的水车与潺潺溪水相互映衬，微风轻拂、绿叶飞舞，共同构成一幅静谧怡然的田野风景图。2019年，该村被中央农村工作领导小组办公室、农业农村部、宣传部、民政部、司法部认定为全国乡村

松林村月亮湾亲水公园（大崀镇政府供图）

治理示范村，被广东省文化和旅游厅评定为首批广东省乡村旅游精品线路之一；2020年，被国家减灾委员会、应急管理部、中国气象局、中国地震局评为全国综合减灾示范村；2021年，被民政部确认为全国村级议事协商创新实验试点单位；2023年，被农业农村部认定为中国美丽休闲乡村、被广东省爱国卫生运动委员会评为广东省卫生村、被广东省司法厅确认为广东省民主法治示范村。

沿着广东省"十大最美农村路"之一的县道X383线大崀镇段来到松林村，动听悦

松林村村道（阳山县史志办供图）

松林村无花果种植基地（大岗镇政府供图）

耳的村歌便飘荡在田野间——"这里是美丽的松林村，可爱的松林村，脱贫奔康、民风淳朴，文明和谐天地宽……"这里一幢幢灰瓦白墙的民居整齐排列，外墙绘画着社会主义核心价值观、中华优秀传统文化、民主法治等主题墙画；美丽宽敞的柏油村道相互连通，原木色的护栏两旁种有满天星、红继木、小山竹等，花开时节则鲜花灿烂盛放，丰收之际则一片片玉米田里硕果累累。村里文化体育设施一应俱全，有羽毛球场、法治文化主题公园、村史馆、文化室、广场等，闲暇之余，村民们三三两两或看书读报，或聊天议事，或健身锻炼，生活丰富多彩。

村中种有清香爽口的西洋菜、酸酸甜甜的三华李和香甜软糯的无花果。丰收时节，游客们一边摘果，一边垂钓，感受大自然带来的一抹清凉与甜蜜。

松林村村史馆建在东风广场旁，里面记载着松林村历史沿革、村歌、生产生活、古物遗存、民俗风情、乡村旅游、乡贤等村情文化，还展览传统农具，让村中青少年能更好地延续乡村文脉，弘扬乡村文化，促进乡村振兴。

松林村旱地西洋菜种植地（大岗镇政府供图）

（供稿：向雪欣；复核：黄静谊）

阳山县黎埠镇

洞冠村

名片

- 清远市美丽乡村特色村
- 清远市社会主义新农村示范村

洞冠村村貌（黎埠镇政府供图）

　　洞冠村，位于黎埠镇西北部，距镇政府约13千米，辖区面积4.83平方千米。洞冠村土地肥沃，水源充沛，旅游资源丰富，主要以养蚕业、传统种植业为主，现有蚕桑种植基地330亩。洞冠村充分发挥历史名贵贡品——洞冠梨原产地的优势，扩大种植规模，打造洞冠梨优质产品供源地，传承优秀传统非物质文化种植技术；依托洞冠村连江"二十里画廊"、同冠峡摩崖石刻、秦汉古道等自然人文资源，发展乡村旅游产业，洞冠村被评为清远市社会主义新农村示范村。2021年，该村还被清远市美丽乡村建设工作领导小组评为清远市美丽乡村特色村。

洞冠村休闲公园（黎埠镇政府供图）

洞冠旅游驿站及绿化建设项目，位于洞冠村村委会附近。项目规划总用地面积16774.61平方米，涵盖公厕升级改造，新设文化广场、停车场、观景平台、景观廊亭，公园绿化等。驿站中的游客服务中心建筑外立面加入了客家特色屋顶，设古风门窗，并重新塑造立面、坡立面，使游客服务中心与大塘街"客家风情小街"项目形成统一的建筑风格。

洞冠水连接洞冠村和界滩村，中有"同冠峡""观音岩洞""云涛题刻"等文化遗址及险峻自然奇观。同冠峡位于西洞冠水口，与观音岩洞相距500米。峡长数千米，一水青碧夹岩峰，险峻雄奇。韩愈曾作《同冠峡》《次同冠峡》诗两首，言置身同冠峡，"无心思岭北"。

观音岩洞则位于连江与洞冠水的交汇处，山峰背西向东，观音岩

洞冠村游客服务中心、韩愈雕像（黎埠镇政府供图）

洞冠村连江二十里画廊(黎埠镇政府供图)

观音岩洞(黎埠镇政府供图)

洞门右壁上刻有明崇祯年间东闸华斌的题字"冷然洞"和《冷然洞小引》等诗文,因此观音岩洞又叫"冷然洞"。观音岩洞洞口轩豁,洞口上方形似楼台,登上"楼台",可将洞冠水之两岸峻峰奇景尽收眼底。岩洞内则洞中有洞,为典型的钟乳石洞。

(供稿:曾力;复核:陈豪杰)

清远美丽乡村

阳山县小江镇

大陂坑村

名片

- 广东古村落
- 清远市美丽乡村特色村
- 古雅榕

大陂坑村村貌（阳山县文学艺术界联合会供图）

  大陂坑村，地处丘陵地带，属小江镇小江行政村，始建于明末。大陂坑村是一座典型的依山傍水古村落，民居沿着后岗山山脚呈阶梯式建造，前有一个占地面积10亩的池塘。一幢幢古色古香的楼房，一排排青砖绿瓦的古民居，篱笆式的菜园，使该村仿佛一处世外桃源。2020年11月，大陂坑村被清远市美丽乡村建设工作领导小组评为清远市美丽乡村特色村；2023年11月，被广东省文学艺术界联合会评定为第八批广东古村落。

  村口竖立着一座气派非凡的牌坊，其上刻着金光灿灿的"大陂坑"三个大字，直立着的四根圆柱形大石柱支撑着牌坊，顶上浮雕精美、檐角高翘，吸引着游客们前来一探村容。村道是崭新的柏油路，村中还有儿童公园、观光走廊等休闲设施。村中传统民居与现代房屋相互映衬，青砖绿瓦和红砖白墙为翠绿的山野装扮上点点艳丽。

大陂坑村的古建筑及巷道保存完好。现存7座特色民居，均建于民国元年（1912），房屋为梳式布局，南北相序，排列成两行，每座占地面积约120平方米，房顶饰有灰塑或砖雕，现已无人居住，保存完好。屋与屋之间的小巷由石板铺设，叫青龙巷，宽约3米，全村的青龙巷占地面积约850平方米。俯瞰大陂坑村，山峦、森林、村庄、田野在阳光下相映成趣，构成一幅美丽的生态乡村水墨画卷。

大陂坑村村口牌坊（阳山县文学艺术界联合会供图）

古雅榕（许明辉 摄）

大陂坑村古建筑群（阳山县文学艺术界联合会供图）

清远美丽乡村

青龙巷中的民居（许明辉 摄）

村中有宗祠和庙宇各一座。毛氏宗祠，始建于清朝，占地面积748平方米，砖瓦结构，明堂宽大、方正，左右互衬，四势匀和，布局严谨规整，格局简明，造型浑厚庄重，建筑物线角平直。迥龙庙，建于民国时期，占地面积约180平方米，供奉张候公。庙内有壁画，壁画内容清晰可见。

毛氏宗祠（许明辉 摄）

（供稿：向雪欣；复核：黄静谊）

◎ 阳山县小江镇

雷公岩村

名片

• 清远市美丽乡村示范村

雷公岩村村貌（许明辉　摄）

  雷公岩村，位于小江镇东北部，距镇政府4千米，建于清乾隆三十一年（1766）。因此地雨天打雷多、岩洞多而得名雷公岩村。2018年2月，雷公岩村被清远市美丽乡村建设工作领导小组评为清远市美丽乡村示范村。

  雷公岩村村容村貌干净整洁，绕村绿道崭新宽敞，现代民居星罗棋布。村里有休闲公园、农家书屋、尚武馆、练武台、炮楼指挥部、知青文化体验基

雷公岩村特色崇文尚武墙画（小江镇政府供图）

地、知青旧居、知青课堂等，尚武、看书成为村民文化的新风尚。石板路两边老旧的红色建筑、工整的知青时代标语、传统的农具物件，渗透出雷公岩村浓厚的红色文化、知青文化。

　　雷公岩村山水资源十分丰富，村民开门见山，山下有溪流、溯溪小道，溪水水质清冽。此处独特的喀斯特地貌造就的裸露黑石形态各异，让人感叹大自然的鬼斧神工。

雷公岩村观赏池塘（小江镇政府供图）

雷公岩村知青文化体验基地（小江镇政府供图）

村中的迴龙寺福庙堂历史悠久，具有丰富的人文气息。庙中建有放生池，花开时节池中朵朵莲花悄然绽放，美如画卷。

雷公岩村蜿蜒小溪上一群鸭子在嬉戏（小江镇政府供图）

雷公岩村迴龙寺福庙堂（小江镇政府供图）

（供稿：向雪欣；复核：黄静谊）

阳山县秤架瑶族乡

秤架村

名片

- 国家森林乡村
- 广东省少数民族特色村寨
- 广东省文化和旅游特色村
- 广东古村落
- 广东十大最美古树群

秤架村村貌（秤架瑶族乡政府供图）

　　秤架村，位于乡政府东北部，距乡政府1千米，地处秤架瑶族乡洋坑河与太平洞河的冲积平原上。由于该村商贸活动兴盛，原本指代商业活动中心的"秤架"，后来成为圩埠。秤架村楼房整齐划一，村巷井然有序，村前小溪流水潺潺，周边生态绿意盎然。2019年，秤架村被国家林业和草原局评为国家森林乡村；2021年，被广东省文化和旅游厅评为广东省文化和旅游特色村；2023年，被广东省文学艺术界联合会评为广东省古村落。2019年，村辖干坑村小组被广东省林业局认定为广东绿美古树乡村；

秤架村航拍图（秤架瑶族乡政府供图）

文旅服务中心（秤架瑶族乡政府供图）

善美康桥（秤架瑶族乡政府供图）

2020年，村辖英明村小组入选广东省民族宗教事务委员会命名的首批广东省少数民族特色村寨。2022年，干坑古树群被广东省林业局评为广东十大最美古树群；2023年，干坑古树公园被清远市生态环境局评为清远市环境教育基地。

秤架村位于国道G323线旁，交通便利，基础设施完善齐备，幢幢青瓦白墙、岭南风格和瑶族风格相结合的建筑鳞次栉比，井然有序。村中建有被评为"阳山县十大微型博物馆"之一的秤架

225

善美康桥俯拍图（秤架瑶族乡政府供图）

古雅榕（秤架瑶族乡政府供图）

党建基地，还有文旅服务中心，以及1条长0.9千米的碧道。村中道路宽敞干净，水渠清澈见底，道路两旁绿树成荫；文化室、广场、公园、篮球场、羽毛球场等文体休闲场所与设施一应俱全。村内共有20余家民宿、农家乐，还有南岭瑶山灵芝种植基地、五指毛桃种植基地、地龙养殖基地等多个农副土特产品基地。

村辖英明村小组是广东省少数民族特色村寨，内有"广东民族团结进步的象征"——善美康桥（风雨廊桥），以及连廊、戏台、古街道、文化礼堂、园丰楼、观音禅寺等古式特色建筑，民族文化底蕴浓厚。善美康桥横跨秤架河，圩日时不少农户在此售卖香菇、灵芝、茶叶、蜂蜜等农副产品。村中有4棵枝繁叶茂的百年雅榕，其中一株树龄600年，两株树龄300年，另一株树龄100年。村中还建有亲水公园、观光河堤，吸引了不少游客前来旅游观光、拍照打卡。

村中少数民族舞蹈表演（秤架瑶族乡政府供图）

干坑古树公园（秤架瑶族乡政府供图）

干坑绿美古树乡村（秤架瑶族乡政府供图）

干坑古树群是"广东十大最美古树群"，干坑古树公园内古树群面积3.2公顷，共有古树302棵，包括槭木、樟树、荷木、糙叶树等，以槭木数量最多（300年以上有284棵）。古树周边生态系统保存完整，溪流瀑布众多，环境优美，植物多样性极其丰富且生长态势优良。

陈氏民宅园丰楼位于秤架村英明村小组，始建于清光绪年间，为传统客家四合院布局，占地面积930平方米，广三路、深三进，以青云巷相隔，侧面带两横屋，横屋为两层楼高的炮楼。楼内有直立的麻石檐柱、栩栩如生的花鸟鱼虫雕刻、活灵活现的瑞兽灰塑、光绪辛丑年间的民居界碑，其高超卓越的传统建筑艺术让人折服。2012年，园丰楼被阳山县人民政府公布为不可移动文物。

园丰楼（秤架瑶族乡政府供图）

园丰楼内景（秤架瑶族乡政府供图）

（供稿：钟履喜；复核：阳山县史志办公室）

清远美丽乡村

阳山县秤架瑶族乡

南木村

名片
- 广东名村
- 广东省文化和旅游特色村

南木村村貌（许明辉 摄）

南木村，地处广东第一峰山脚下、国家南岭自然保护区旁，属阳山县秤架瑶族乡太平洞行政村，距乡政府49千米。南木村山明水秀，树奇石怪，空气清新，身处村中令人心旷神怡。南木村是典型的瑶族聚居古村，2015年被中共广东省委农村工作办公室、广东省住房和城乡建设厅评定为广东名村，2019年被广东省文化和旅游厅认定为首批广东省文化和旅游特色村。

南木村特色村道（黄宝花 摄）

千年红豆杉（钟履喜 摄）

村中有千年红豆杉、古水车、古风车、溪水公园、观光小道、竹廊道驿站、亲水铁索桥、古拱断桥等特色景观。溪水公园可供休闲娱乐和体验亲水活动，成为游客了解特色瑶寨风情、欣赏靓丽瑶寨风景的新窗口。千年红豆杉是南木村的古树，高15米，直径1.36米，相传有1000多年历史。

红豆杉——国家一级古树（钟履喜 摄）

南木村平均海拔1000多米，气候温和湿润，森林资源丰富。村中有闭合的谷地、遍地的杜鹃花、环抱的山坳，桑田阡陌，纵横交错。还有小桥流水，涧涧穿村而过；片片农舍，鸡耍犬戏，童叟怡然自乐。整个村庄平和宁静，犹如人间仙境、世外桃源。

南木村辖区及周边拥有全省保护最完好的连片原始森林，山奇峰秀，山泉溪水遍布，水质清澈见底。其中，知名景点有天南第一村——瑶寨太平洞、广东第一峰石坑崆、广东第二峰石韦岭、小黄山等。山中更有高山云雾茶、千年红豆杉、广东松群落等景观资源，美景天成，引人入胜，每逢节假日都会吸引一批批游客前来旅游观光。村中的山地鸡、山坑鱼、清水鸭、山水豆腐、烟熏腊肉、灵芝、笋干、冬菇、木耳等味道极其鲜美，令人回味无穷。

南木村古拱断桥（黄宝花 摄）

南木村一角（钟履喜 摄）

（供稿：向雪欣；复核：黄静谊）

后 记

为进一步发掘自然村落普查资料信息价值，结构化开发利用全市自然村落历史人文普查工作成果，助力乡村振兴战略实施，清远市史志办公室计划在"十四五"期间编纂出版"清远名村系列丛书"。丛书编纂按计划分步骤实施，具体安排为：2022年编纂出版《清远历史文化村》，2023年编纂出版《清远红色文化村》，2024年编纂出版《清远美丽乡村》，2025年编纂出版《清远特色产业村》。

经过将近一年的努力，《清远美丽乡村》即将付梓出版。本书收录的美丽乡村，由全市各级地方志工作机构推荐并撰写初稿，由编辑部按照"立足普查、有据可依、特点突出"的原则，对征集的稿件进行再度筛选和编撰，并按行政区域排序。本书使用的图片主要采用各地报送的图片。

本书编写责任分工为：清城区、连州市、连山壮族瑶族自治县由黄春苗负责，清新区、佛冈县、阳山县由李仙负责，英德市、连南瑶族自治县由张嘉莉负责，全书统稿由黄春苗负责。各县（市、区）资料员为：清城区朱健明，清新区张静珊、黄雪蓉，英德市张锋，连州市彭颖枚、王菲然，佛冈县李协湖、朱家佑，连山壮族瑶族自治县聂惠丽、李凯，连南瑶族自治县魏健华、潘俊峰，阳山县向雪欣。

由于编者水平有限，书中错漏难免，敬请读者批评指正。

丛书编辑部
2024年8月7日